知识就在得到

详谈 杜国楹

李翔 / 著

新 星 出 版 社　NEW STAR PRESS

总 序

回到采访

在离开记者这个行业将近 5 年之后,我决定重新开始做采访,并且发表出来。之所以这么做,是出于下面两个理由。

第一个理由,是它本身所具有的知识积累的价值。

我非常喜欢西方历史学之父希罗多德在巨著《历史》的开头写的第一段话:

> 以下所展示的,乃是哈利卡纳苏斯人希罗多德调查研究的成果。其所以要发表这些研究成果,是为了保存人类过去的所作所为,使之不至于随时光流逝而被人淡忘,为了使希腊人和异族人的那些值得赞叹的丰功伟绩不致失去其应有的荣光,特别是为了把他们相互争斗的原因记载下来。

这句话揭示了采访的价值所在。采访、记录和研究的目的是对抗遗忘,让后来的人可以真正做到站在前人的肩膀上前行,而不至于陷入不断重蹈覆辙或者不断重新发明轮子的怪圈中。

采访、记录和研究的对象,既包括"那些值得赞叹的丰功伟绩"——我们之中那些优秀的创造者们,不断在用自己的聪明才智创造出一些让我们所有人都变得更好的产品、服务和组织;也包括失败和争斗——即使是我们之中那些最优秀的人,也难免会犯下错误,这些错误其实都是在为作为一个整体的我们试错,都值得被记录。

这件事情在今天尤其值得做,因为今天做这种采访、记录和研究的人正在减少。这里面当然有很多原因,包括传统的严肃媒体的衰落;包括因为社交网络的发达,受访者的只言片语越来越容易被拿出来放大,这让他们越来越小心谨慎;包括各种碎片化或娱乐化的内容已经挤占了人们越来越多的时间,以及内容生产者们越来越倾向于认为,受众就是喜欢碎片化和娱乐化的内容。

但是所有这些原因都没有改变希罗多德指出的采访、记录和研究的价值——它是我们的知识积累的一部分。

尤其是那些一手的采访,可以让其他行动者受到启发,获得激励,或者哪怕仅仅知道自己并不孤独;也可以成为其他人研究或者评论的基础——至少可以通过一手的采访知道当事者究竟是如何想的,哪怕你认为他想的并没有道理。

第二个理由,是我还挺高兴做这件事情的。

每个人眼中世界上最好的工作都不一样。对于我而言,最好的工作就是可以见到那些我喜欢的创造者们,听他们分享自己的成就、经验、方法和挫败。为了避免显得自吹自擂,这个理由就说到这儿吧。

拿到这套小册子,你会看到什么?

首先,当然是第一手的长篇访谈。我会努力找到我能找到的、我欣赏和尊重的、最优秀的商业实践者和价值创造者,向他提问,请他分享他的实践经验、做事情的方法,包括经历过的挫败和收获。

我自己觉得它们一定会对你有所启发。而且,我还抱有一种雄心,就是希望它们在十年甚至几十年后,仍然能够激发读到的人。

其次,如果你愿意跟随这趟旅行,我相信你能看到一幅逐渐在你眼前展开的画卷。它不是静止的、一次性的,而是动态的、发展的。因为在我的设想中,我希望能够跟访谈的对象保持一个长期的、以十年甚至数十年为单位的沟通,把他们的想法和实践动态地、周期性地呈现出来。你看到的会是一部正在发展的、以人为单位的价值创造史,里面会有成就和经验,也会有矛盾和变化——毕竟世界本身就是不断变化的,它要求实践者做好准备随时推翻自己。

最后,因为这件事情要持续做下去还挺难的,所以我想用意大利著名记者法拉奇的一句话做一下自我鼓励:

我说我每进行一次采访都花了心血,这并不言过其实。我要花费很大的劲才能说服自己:去吧,没有必要成为希罗多德,你至少能带回一块对拼组镶嵌图案有用的小石头,和对人们思考问题有用的情况。要是错了,也没有关系。

最后的最后,希望这些文字真的对你思考问题有用,并让你得到激发,去进行自己的创造。

李翔
2020 年 10 月 20 日

目 录

| 杜国楹是谁 | 001 |

第一次访谈

营销标签和产品质疑	018
三个阶段：营销、产品、价值观	024
营销和品牌	031
消费电子和产品的生命周期	037
早年经历	042
第一次创业和破产经历	049
三年多还 4600 万	058
从好记星到橡果国际	062
作为产品的好记星	069
E人E本	074
8848 手机	079
创业逻辑	084
选择做茶	089
产品和产品经理	099
直觉是日积月累的科学	101

	核心用户价值主张	104
	如何学习做产品	106
	产品和品牌	108
	可持续	110
	多品牌和单一品牌	113
	团队	115
	壁垒是标准化建设	118
	疫情和互联网的影响	120
	消费从有到好	122
第二次访谈	产品倒做	130
	评价产品	134
	基本价值和核心价值	136
	里程碑	138
	赛道选择	142
	用咖啡的逻辑做茶	146
	小罐是形,标准化是神	150
	路径选择:从有机茶到大师茶	152
	设计	156
	广告验证和产品验证	163
	代理商和渠道	169
	定价	173
	爆品之后	175

制茶大师	178
营销是关乎价值观的问题	181
标准化	186
茶园到工厂	190
融资	198
公司节奏	201
质感、美感和情感	204
管理和顺应人性	206

附录

如何看待茶行业	211
如何看待自己	217

杜国楹是谁

杜国楹是一位连续创业者，小罐茶公司创始人兼董事长。

他出生于1973年，师范学校毕业之后做过中学化学老师，然后在24岁时开始创业，迄今为止创造了五个在中国拥有相当高知名度的产品：背背佳、好记星、E人E本、8848手机和小罐茶。

1

背背佳是一款身体形态矫正类产品，主打功能是解决坐姿问题，尤其针对孩子和注意形体的年轻女性；好记星是电子词典和学习机，主打功能是帮助人记单词，曾经为学英语而苦恼的人对此都不会陌生。这两款产品的用户，主要是学生群体。

之后的三款产品面向的人群开始变成高端商务人群：E人E本是一款平板电脑，主打的功能是手写记笔记；8848手机是高端商务手机，主打轻奢和安全；小罐茶主打商务接待用茶，也经常被当作礼品。

这五个产品让杜国楹身上蒙上了一层传奇色彩，但也带给他极大争议。

之所以具有传奇色彩，是因为创造出一个爆款产品，已经需要足够多的运气、能力和方法，而从1997年开始，杜国楹竟然能够在不同的领域持续创造出爆款产品：1997年的背背佳、2003年的好记星、2009年的E人E本、2015年的8848手机，以及2016年的小罐茶。

我看过不少文章试图总结杜国楹做出爆品的模式，简单而言是：做出能够满足或迎合用户某个痛点需求的产品；饱和式投放广告，让品牌迅速占领用户心智；短时间内拉高销售额，成为某个细分市场的头部玩家。

这个简单粗暴的总结里充满了时下商业世界中的流行词语，比如"痛点""饱和""用户心智"，但是像所有努力去抽象的总结一样，它忽略了简单的话语背后，大量只有在实践中才能遇到的复杂性。

比如，如何才能找到用户的痛点，并且确认这个痛点是一个真的需求，而不是想象出来的需求；如何把这个痛点变成产品的解决方案；如何确定你的饱和式投放不是在浪费预算。更细节的问题还包括：如何找到合适的代言人，如何找到性价比最高的投放渠道；当产品真正进入市场的时候，还涉及如何去建立渠道，如何跟代理商相处……

之所以产生极大争议，是他似乎太过于擅长迅速把一款产品变成爆品。无论是早年的背背佳、好记星，还是他在互联网已经逐渐成为主流的时代拿出来的产品 E 人 E 本、8848 手机和小罐茶，杜国楹都有能力找到一个切入点，把产品做出来，并且迅速在市场上获得高知名度并实现销售。赞扬他的人认为他是"营销大师""营销鬼才"，批评他的人则不屑地称他是"忽悠""割韭菜""收智商税"。

出现这种情况，一个原因是他每一次切中的用户需求似乎都过于刁钻，以至于很容易就会被批评者说成是在迎合人性。如背背佳的矫正坐姿，好记星的科学记忆方法。更加典型的是他开始主打高端商务人群之后的 E 人 E 本和 8848 手机。

平板电脑和智能手机这两个领域都强手如林，不乏领先的科技巨头和 500 强公司，作为一个创业者，杜国楹只能寻找一个极窄的切入点：对于 E 人 E 本而言就是手写输入，对于 8848 手机而言就是高端的硬件包装（比如小牛皮、钛合金）以及通信安全。但是，没有同样需求痛点的人，就非常容易想不明白，为什么会有人愿意付出甚至更高的价格去买杜国楹的产品，而不是买苹果的 iPad 和 iPhone。这时候，你就会更愿意相信这种解释：他的产品迎合了人性中较为浮夸和虚荣的一面，也就是所谓的人性的弱点。

不过，在我看来，另一个原因应该是，杜国楹在迅速撕开市场之后，并没有在爆款产品的基础上去做长期的持续迭代，而是卖掉公司离场。在外界看来，这让他的行为显得短期。在客观上,背背佳、好记星、E人E本和8848手机也都已经同杜国楹没什么直接关系了。由于各种原因,这些品牌的所有权都已经不在他的手中。背背佳和好记星被曾经的电视购物巨头橡果国际收购,E人E本和8848则被清华同方收购。

唯一仍然在他掌握中的产品和品牌,是小罐茶。杜国楹已经在各种场合不止一次地宣称,茶叶会是他余生的事业。他不会再像之前几次创业那样,中途停止,把自己的公司和品牌卖给其他人。他想要看一下,如果自己能够数十年都投入到一家公司上,结果会是如何。

2

试图理解杜国楹,可以从三个关键词入手。

第一个关键词是连续创业者。

1997年,拿着在上一家公司做销售赚到的49万元奖金作为启动资金,杜国楹在天津创办了背背佳。背背佳的成功让他在25岁时成为亿万富翁,也让他在迅速成功的刺激之下开始盲目乐观,做了另外两款失败的产品,导致公司破产,欠下数千万元的债务。之后的好记星是他东山再起的产品。不过,在偿还完所有债务之后,杜国楹就把公司连带这两款产品卖给了橡果国际,自己也入职这家公司,负责产品。

再之后，2009年，因为发展方向的分歧，杜国楹离开公司，开始做自己的第三个产品E人E本。不过，2010年1月上市的E人E本，无意间闯入了苹果这部当时无可匹敌的创新机器正在推进的赛道。三个月之后，苹果公司发布了第一代iPad。杜国楹认为仅凭自身没有能力在苹果公司和一群苹果公司的模仿者中找到合适的位置，把公司出售给了希望进入这个市场的清华同方。

接下来，杜国楹做了两件事情。第一件事情是寻找下一个创业方向。第二件事情是，在明确了自己绝对不会再做消费电子产品之后，他希望能给从好记星时代一直跟着他的技术团队找到一个合适的事情做。他担心在公司被卖给清华同方之后，技术团队不能适应大型国企的文化、工作习惯和做事方式。于是，杜国楹在清华同方的平台上，设计了一个团队持有股份的公司结构，做出一款新产品。这款产品就是8848手机。

不过他本人在8848手机上市之后便立刻离开并又一次创业。这就是他从把公司卖给清华同方就开始琢磨的第一件事情：做茶。他从2012年开始研究和构想；2014年正式注册了公司；2016年第一款产品，也就是小罐茶正式上市；2018年零售额超过20亿元；2019年开始负面消息缠身。

第二个关键词是营销。

20岁出头还在打工时，杜国楹就在天津的宿舍中通过广播领悟到了广告的威力。接下来,他开始通过菲利普·科特勒[①]和艾·里斯[②]的经典书籍《营销管理》和《定位》等来学习市场营销。

羡慕他的爆款制造能力的人,看到的是他一连串让人眼花缭乱的广告操作:在背背佳时代,杜国楹请来因为主演情景喜剧《我爱我家》而家喻户晓的童星关凌代言产品;好记星的代言人是当时春晚的常客、被认为普通话讲得最好的老外大山;E人E本的广告由导演冯小刚和演员葛优一起拍摄,当时因为《非诚勿扰》系列电影,他们正处在知名度的巅峰;8848手机的代言人是中国最知名的企业家之一王石;小罐茶则另辟蹊径,跟八位中国制茶大师合作,虽然在广告投放之前极少有人知道这八位大师是谁,但他们在各自的领域的确出类拔萃。

这是杜国楹最直接被人注意到的能力。快消品牌元气森林的CEO(首席执行官)唐彬森曾经专门到杜国楹的办公室跟他聊天,从下午一直聊到深夜,只想问一个问题:到底应该怎么做广告投放?好玩的是,今天元气森林也被认为擅长做广告营销。在小红书联合创始人瞿芳组织的新消费品公司CEO对话活

---

① Philip Kotler,出生于1931年,美国著名经济学教授,被誉为"现代营销学之父",代表作有《营销管理》等。
② Al Ries,出生于1926年,美国著名营销专家,定位理论创始人,代表作有《定位》《营销革命》等。

动上，潮玩品牌泡泡玛特的CEO王宁也问唐彬森，你是怎么制定品牌营销战略的？

在由菲利普·科特勒光大的4P营销理论中，一个营销组合包括四个关键的要素，分别是：产品（Product）、价格（Price）、渠道（Place）和推广（Promotion）。但是绝大部分人在谈论营销的时候，只注重最后一个要素，也就是包括广告、公关、促销在内的推广。

在科特勒第16版的《市场营销》教材中，这位公认的市场营销大师如此写道："销售和广告仅仅是市场销售的冰山一角而已。今天，不应该再以陈旧的达成销售的观念——劝说和销售，而要以满足顾客需求的新观念来理解市场营销。如果市场营销者很好地理解顾客需求，开发并提供高价值的产品、有效的定价、渠道和促销，这些产品就很容易出售。"

杜国楹后来也反复强调不要止于狭义营销，开始时他称"产品是道，营销是术"；后来改为"产品是1，营销是0"。

第三个关键词是"倒做"。

这是杜国楹自己总结的产品方法论。他曾经在创业黑马公司针对创业者开设的黑马实验室上开课讲授自己的产品方法论，名字就叫"倒做"产品实验室。

简要而言，"倒做"作为产品方法的核心，是从用户的需求和场景出发，一步一步倒着往回推，推导至产品的设计、产品的开发、供应链的组织,以及应该拥有的核心能力。杜国楹做小罐茶的整个过程即是"倒做"。

他先找到用户需求的痛点或者说困惑,也就是一个人在喝茶的时候,不知道该如何做选择,也不知道为什么有的茶如此便宜,而另外一些茶则如此昂贵。他切入的场景是商务招待,后来反映在小罐茶的广告语中:"贵客到,小罐茶"。然后倒推至产品的包装和设计——他要求设计师做出一次一泡,且手不能碰到茶叶的包装设计。同时,在上游供应链的组织上,以大师工艺作为茶的品质的证明。再之后,当市场开始接纳这个产品构想时,再倒推至供应链上工厂的建设等。

我在西奥多·莱维特[①]的经典论文《营销短视症》中找到了类似的论述:"一个行业的所有活动都是满足客户需求的过程,而不是生产产品的过程,这一观点对所有商业人士都至关重要。一个行业始于客户及其需求,而不是专利、原材料或者销售技巧。有了客户的需求后,行业要以倒推的方式展开业务过程。

"首先要关心的是如何让客户满意,然后再倒推到产品制造;通过这种产品,客户可以得到部分满意。而这些产品是如何制造的,客户并不关心,因此制造、加工等具体形式不能被

---

① Theodore Levitt,1925—2006,现代营销学的奠基人之一,曾担任《哈佛商业评论》的主编,有《营销创新》等近十部著作,文章曾四次获得"麦卡锡奖"。

视为行业的关键部分。最后，行业再倒推到寻找制造产品所需的原材料。"

3

在我们的交谈中，杜国楹至少问过三次下面这个问题：如果我们的谈话是一个产品的话，这个产品的核心价值点是什么？

所有人都希望自己的产品卖得好。因此，每次他出去参加公开的活动或者讲课，无论是在黑马实验室的课堂上，还是接受企业家冯仑的邀请外出讲课时，下面提问的创业者，都经常会拿出自己正在做的产品的广告语来问他，这是不是一句好的广告语。

一个可以参考的判断标准是：客户认不认，你的同事会不会用，以及对手"恨不恨"。再或者，可以从定位理论中寻找灵感。比如，里斯和特劳特[①]说，如果你做得很好，那一定要让人知道。所以，我们经常能看到"销量遥遥领先"和"行业领导者"这样的词语。

狭义的市场营销仍然是大家感兴趣的点。毕竟，绝大多数

---

① 指杰克·特劳特（Jack Trout，1935—2017），美国著名营销专家，商业中的"定位"概念是由他首次提出的，著有多部与"定位"相关的著作。

产品的生产者，都为自己的产品自豪。因此，如果产品在市场上受到的认可没有达到预期，大家就会归因于自己不擅长做营销，或者归因于对手过于擅长做营销。只有极少数人会去思考：是不是因为产品本身并没有找到用户的需求点，或者产品提供的用户价值并不足以让用户掏钱购买。

这当然是我们的谈话应该交付给你的一个价值点。在做完了五个爆款产品的从 0 到 1 之后，杜国楹和他的团队确实已经有了一套该如何去打广告的方法论。这套方法论包括广告的内容应该是什么样子的、怎么去测试内容创意的有效性，以及如何做大规模的投放以降低媒介的成本。

除此之外，我觉得至少还有三个转折或者说反差。

第一个反差是，尽管无论是正面的还是负面的评价，都把杜国楹视为一个营销高手，但是正如经典的市场营销理论所讲的那样，狭义的广告和推销，只是营销的一个小小的部分，更加重要的是生产出能够满足用户需求的产品。

在杜国楹看来，这才是他被人推崇的广告营销背后的东西。用他自己的话说，"产品是 1，营销是 0"。如果产品不能为用户创造价值，再高明的推销术也不能持久地劝说人们购买产品。用户净推荐值——即用户是否会把你的产品推荐给其他人，以及复购率——用户是否会产生重复购买行为，就是衡量你的产品是否创造出了足够用户价值的指标。

杜国楹所谓的产品"倒做"，其实强调的就是如何去发现用户尚未被满足的需求,并且尝试去提供一套解决方案。

因此,杜国楹强调自己的产品经理身份,虽然可能是想要摆脱身上的营销标签,但也并不是没有道理。

第二个反差是,无论是批评他的还是赞赏他的人,都把杜国楹成功创造出五个爆款产品视为一项成就。但是,如果了解了他的连续创业经历,你就会发现,他只是用下一次的成功来覆盖上一次的不成功或者半途而撤。

沃伦·巴菲特喜欢说,人生就像滚雪球,最重要的是找到厚厚的雪和长长的坡。不过,这种情况其实发生得很少。更多人遇到的情况更像巴菲特的搭档、同样有智慧的查理·芒格所说:如果你发现自己已经在坑里,那至少别继续往下挖了。你应该做的是,想办法脱身,然后去找属于自己的雪道。

从另外一个角度,你也可以把杜国楹不断转换赛道,看成一个人不断寻找自己想要的东西的过程。

第一次创业做背背佳时,他迅速获得了一笔在当时看来算得上巨大的财富,足以让一个年轻人获得强烈的快感。

遇到第一次重大的、足以把一个人压垮的挫折时,他想得最多的是,要把欠下的4000多万元债务还清,然后远离这样的风险和压力,去专心做自己喜欢做的事情。在这种情况下,他把背背佳和好记星卖给了上市公司橡果国际。

离开橡果国际,是因为他发现,当上市公司面对业绩和利润的压力时，他并不能如愿地专注在产品上，反而会面对产品研发费用缩减的情况。这次经历可能让他意识到，还是应该把命运掌握在自己的手中。然后他再次创业，做了第三个产品E人E本。结果在平板电脑这个赛道，他要面对的却是先后入场的巨头的碾压。这不是他的赛道。再一次放弃之后，他希望能够找到一件可以让自己持续做30年的事情，而不是一次一次地重复从0到1的过程。

然后，他再一次成功地走完了从0到1的这段路。标志性事件是小罐茶宣布2018年全年的零售额超过20个亿。接下来，他要走的就是他之前没有走过的路了：产品持续迭代，以满足善变的消费者——用亚马逊创始人贝佐斯的话说，用户会持续忠诚，直到你的竞争对手提供更好的产品和服务；团队要持续去寻找新的产品品类，以满足公司这个怪兽的增长需求；而作为创始人，你要学习去管理越来越大的团队和越来越复杂的业务。

与此同时，他还要跟过去的自己搏斗。用他的话说，如果别人用他过去创造的几个产品来攻击他是在收智商税或者忽悠，"我也不能否认说我没做过那几个产品"。只是他理解的这几款产品和外界质疑的不一样。

接下来还有第三个反差。当他2012年决定进入茶行业的时候，甚至当小罐茶宣布2018年零售额超过20亿元的时候，消费还没有被资本捧成像今天这么火热的一个赛道。当他努力证明自己可以在这个行业持续不断地做下去时,一群优秀的创业者已经涌入消费领域。他们或者更加年轻,因此对年轻用户的喜好更为了解;或者更加熟悉互联网和资本,因此可以把来自其他领域的不同思路和打法用到消费行业。杜国楹过往的产品和营销打法,是否还能适用?

这是他要用实践去回答的问题。这也是只有作为玩家继续停留在这个赛场中才会碰到的问题。

4

我跟杜国楹第一次见面是在我的朋友张刚组织的一次饭局上。在这样的社交场合,他比我以为的要安静和谦逊,几乎只有在问到他问题时,他才会回答几句。他当然知道自己身上的争议以及其他人对他的好奇,不过他似乎并不急于辩解。

在那之后,我们先后又见了三次面。第一次见面时,他热情地向我展示他的公司正在研发的瓶装饮料,一款把咖啡和茶融合到一起的提神饮料,然后向我介绍他接下来雄心勃勃想要进入的新的赛道:属于快消品的瓶装饮料;类似于 Nespresso[①]胶囊咖啡机的茶饮机;一个线下的新式茶馆,他想要在咖啡馆和老茶馆之间找到一条路线;针对年轻人日常饮用的生活茶;

---

① 雀巢旗下的一个子品牌。

以及以消费为主的年份茶。

接下来是两次正式的访问。第一次访谈更加横向，我们讨论了他的几次创业经历和他自己随着时间而发生的变化和迭代；第二次访谈则更加纵向，我试图通过一个更加具体的案例，也就是他做小罐茶的经历，来理解他的方法论。

下面就是我们的谈话。

第一次访谈

第一次访谈于 2021 年 9 月在北京进行。

第一次访谈在一个周日晚上,八点之后开始,持续到凌晨,最后以我连声说"不好意思,我太困了"结束。

昼伏夜出,这是杜国楹的作息习惯。只要在北京,第二天又没有特殊的安排,每个晚上,他都会一直待在办公室,喝茶,读书,思考,直到抬头看到天色已经变亮,于是出发,回家睡觉。然后他一觉睡到午后,再回到公司,开会,跟人谈话,如果不出去吃饭应酬,那么八点之后就是属于自己的时间,在办公室继续待到天亮。他说过:"午夜的办公室就是我的教堂。"

我问他,如果去商学院上课,或者第二天早上要开重要的会议怎么办。他回答:那就倒时差啊。

第一次访谈的脉络是这样考虑的:

因为杜国楹身上的标签和大家对他的刻板印象,所以,无可避免,首先是一系列针对他的带有争议性的问题,以及他自己的回应,主要集中在关于营销和产品的指责上。其次,是关于他自己过往的创业经历的部分,从背背佳一直到小罐茶。接下来的部分更加偏向于宏观的理念和方法论,关于营销、产品、品牌和渠道。

总之，第一次访谈的目的，是希望能够横向地展示他是一个怎样的人，他过往的创业经历，以及在经历之后他的想法、理念和方法。

在开始之前，有必要再简要介绍一下小罐茶过去9年的历史，因为一些背景和关键时间会在访谈中不断出现。小罐茶的简史如下：

2012年，杜国楹把E人E本卖给清华同方，决定把茶叶作为自己的下一个创业方向。他和团队开始到茶叶产区去寻茶，请日本设计师开始做设计方案等。2016年，小罐茶产品上市，广告语为"小罐茶·大师作"。然后在2019年年初，小罐茶宣布2018年全年零售额突破20个亿。

紧接着，在2019年1月15日，社交媒体上开始有大量针对小罐茶和杜国楹的负面舆论出现，切入点是针对"大师作"，并且进一步扩展到对杜国楹整个创业过程中都擅长营销、"收智商税"、"割韭菜"的批评。

到了2021年的下半年，按照杜国楹的介绍，小罐茶已经恢复到最高峰时的销售，小罐茶的产品也不再局限于最初的金罐一罐一泡产品，有了大罐的多泡茶产品和彩罐的年轻向产品。与此同时，公司在进行多品牌的布局和产业链的建设。具体包括：年份茶、针对年轻人的生活茶、对标Nespresso胶囊咖啡机的茶饮机、线下的茶饮空间、瓶装饮料、投资6亿元的黄山工厂和5家上游的产区工厂。

营销标签和产品质疑

李翔：第一个问题,"营销大神"这个标签是你想撕掉的吗?

杜国楹：我觉得撕掉好像很难。事实上,20世纪90年代的我,确实是一个彻头彻尾的营销主义者。但是有了那一次破产的经历①之后,我觉得纯粹的营销主义是一个误区。一个健康的商业,没有好的产品和服务,营销是没有意义的。

所以2004年第二次创业的时候,我写了八个字送给我自己。那时候也用这种本子,(拿起一个长方形笔记本)我在本子第一页给自己写了八个字:"营销是术,产品是道"。本质上来讲,如果没有好产品,你的营销是没有价值的。营销的本质是把好产品卖得更好,营销是为好产品服务的。

你说我想撕掉吗?我主观上肯定想撕掉。因为从20世纪90年代到今天,尤其是我破产再创业之后,专场营销会议我几乎不参加,给我发什么奖,我从来没有领过。我从来不去碰,

---

① 此处指杜国楹在背背佳成功之后,因为迅速开始做其他产品而资金链断裂,后文访谈亦会谈及。

因为我觉得这很容易给年轻创业者一个误解：营销好也可以创业。这是本末倒置。

所以我说"产品是1，营销是0"，这是一个基本准则。如果你的认知是仅仅有好的营销技术就可以，从认知上没有解决产品和营销之间的关系，我觉得这是很危险的。年轻的时候我就走了弯路。

李翔：弯路应该不至于吧？肯定也有收获。

杜国楹：今天来讲，人生这个经历很重要，对我的改变很大，我知道前面那个"1"做不好，营销是没有意义的。

李翔：你有做过什么样的努力来撕掉这个标签吗？

杜国楹：去讲产品，讲需求洞察的过程、产品创新的过程、每一个细节打磨的过程。但是事实上，只要一说，这个人是好记星、背背佳、E人E本的创始人，你想撕都撕不掉，觉得你就是营销。但是他们没有看到，实际上每一个产品，我们都在创新上做了巨大的努力。

就像做小罐茶，我要是纯做营销，看完茶就可以直接开始了，为什么前面搞了四年？我就是要把行业的问题看清楚，把用户的痛点看清楚，把产品创新的点找到，然后把产品打磨清楚，我们才能出发，也才能在营销上找方法。整个逻辑就是需求先行，产品打磨，然后才是营销。

李翔：你什么时候开始意识到，大家会把你视为这样的形象，就是很擅长营销？

杜国楹：我意识到应该是在 2019 年。事实上就是 2019 年这波舆情①，把这个标签强行给我贴上了。2019 年之前我没这么有名，我只是在那个品类，在那个小行当、小圈子里有点名气，公众都不知道我。这两年名气扩大了 100 倍，全是负面搞的。（笑）

李翔：2019 年之前的小圈子指的是哪个小圈子？营销圈？

杜国楹：不是营销圈，指我做 pad（平板电脑）、做手机的时候，在这个品类里。营销当然也是一个维度，但外面营销的会议我几乎没有参加过，所以营销圈子，无论是科班的还是本土实践派的，我混得都少。但可能大家有所耳闻，对我也了解。反而创业圈子可能知道我的稍微多一点。

李翔：你听到说"收智商税"，给你贴这个标签的时候，你的反应是什么？

杜国楹：我刚开始是比较排斥的，受不了。后来，梅江②他们跟我说，你知道今天互联网上"收智商税"标签贴得最多

---

① 指 2019 年 1 月，网络媒体开始针对小罐茶 20 亿元的零售额和"大师作"的广告提出质疑，说不可能所有茶叶全都由大师亲手炒，进而引发对杜国楹靠营销来卖产品的全面质疑。
② 梅江是小罐茶副总裁，分管市场、设计、产品。

的一个品牌是谁吗？答案是戴森，这是用大数据跑出来的结果。我听到这个一下释怀了很多。

你是在为设计、为服务、为附着在物理产品成本之上的所有这些东西，去承担更多的成本，所以你也可以说它是设计税、服务税、美学税，是各种税。

李翔：但你在开始的时候，一定是以很负面的方式来理解这个词的，是吧？

杜国楹：对，因为我自己的语境里之前没有这个词，又是在自媒体上被渲染得比较夸张的时候。在今天的互联网语境下，它被频频提及，所有的奢侈品品牌、高端消费品牌可能都会被贴上"收智商税"的标签。消费市场里不可能全部是平价品牌，不同的人群、不同的消费能力、不同的审美偏好、不同的需求，会选择不同的东西。可能在有些人眼里，依云矿泉水也是收智商税，但是对依云的消费者来说，理解的方式又不一样。

所有的品牌一定要细分自己的人群。高端本身是一种定位。高端也好，中端也好，低端也好，任何一个选择都没有错。

李翔：对于外界的这种质疑，你会怎么回应？你正面回应过吗？

杜国楹：几乎没有。

李翔：为什么呢？

杜国楹：我怎么解释呢？正经的场合，需要讲什么我按照我的逻辑去讲就行了。因为这五个品牌创业的过程，大家给我贴了一个标签，我能说这五个事儿不是我做的？我要解释，这五个事儿表象看到的是营销，本质上是产品的创新。但大家不愿意去理解，认知上不愿意往前走太多，只想验证自己的认知是对的。

20世纪90年代我就是彻头彻尾的营销主义者，那时候说我一点都不亏。但是后来确实在变，行为在变，做的事情在变，想法在变，认知在变。这就是真实的我。我能把90年代的我说成是有巨牛的价值观和伟大使命的人吗？不能这么包装，这不尊重事实，那个时代我不是这样。但今天这个时代你让我做那些事儿，我也不会做了。我在变，我就是这样20多年一直迭代向前的。这是真实的我。

李翔：在内部面对你的同事，尤其是新同事，会有这样的困扰吗？

杜国楹：内部基本上没有困扰，只要在这个公司里待两年，参加了各种会，包括年会、半年会，我所讲的内容，公司日常整个在产品和营销上投入的资源，都看得到。我们内部反而没有压力，因为能看到更真实的公司是什么样子的。

李翔：如果你接下来想要做类似于瓶装饮料这样的事，可能就需要新的其他行业的人才进来。找人上,你会面对这样的困扰吗?

杜国楹:我没有这样的困扰,我就告诉他们这个事儿我们怎么想的,我们为什么这么做,产品怎么做,营销怎么做,整个大逻辑我们对这个品类是怎么判断的。面试的时候我不会刻意回避我身上的营销标签,该讲产品讲产品,该讲营销讲营销,就是讲真实的我们。

李翔:外部的合作伙伴呢?

杜国楹:几乎也没有。如果是核心的合作伙伴,跟我们合作过几年,参加过我们的供应商会,基本上一场下来就知道我们到底是什么样的公司了。

三个阶段：营销、产品、价值观

李翔：你把自己的创业历程分成三个阶段：营销、产品、价值观，这种划分你是从什么时候开始想的？

杜国楹：最近三四年。2019年以后正式提出来，把它梳理清楚。但小罐茶产品上市之后，我的认知就已经有了。

李翔：为什么会这么去做划分？

杜国楹：我的认知发生了变化。有十几年，我一直沉浸在"产品是1，营销是0"这个事情中，后来觉得我可以走出来了。因为我对两者之间的关系做了深入的实践，包括产品怎么去打磨。但是我觉得，一个伟大的商业组织最终不是这些术决定的，是价值观决定的。术重要，但是放眼未来十年、二十年不是决定性的，你的价值观才是决定性的。所以我才思考清楚第三个阶段。

李翔：这三个阶段，起始分别有什么标志性的事件吗？

杜国楹：从营销到产品的标志性事件，是破产。从产品到价值观的标志性事件，是九年前我开始做茶的时候（2012年），决定后半辈子就做茶了，就想待在这个行业认真地做下去。它是我内心对创业模式的反思。我选择茶，茶行业天花板足够高，包括创业第一件事是要把企业的愿景、使命、价值观梳理出来，过去是没有的。

李翔：对创业模式的反思是指什么？

杜国楹：以前我是公司做起来看到天花板就撤了。但这次就不留后路，好和不好都得做下去，不好就想办法。客观上可能跟年龄和经历也有关系。

李翔：对营销这个概念，这么多年你的认知有什么变化吗？

杜国楹：我觉得"内容是1，媒介是0"这句话没有变。逻辑没变，但是内容的表达方式变了，因为时代变了，媒介变了，语境在发生变化。人群变化就更不用说了，今天是移动互联网时代，"90后""00后"越来越成为主力消费者，事实上这一代人跟"60后""70后"，甚至"85前"那代人都不一样了。

李翔："内容是1，媒介是0"，这是什么时候提炼的？是事后总结吧？

杜国楹：本来没有这么说，但是对两者关系的认知是比较早的，应该是从第二次创业开始，对这个就有理解了，只不过没有把它总结成"内容是1，媒介是0"。总结出来也是做茶之后的事情。

李翔：做茶之后进行了一个大的反思是吗？

杜国楹：对，因为做这件事情的整个逻辑不能像过去一样。以前你有一个选项是卖掉——你不爽的时候,你看到新东西觉得比这个更好的时候,现在我是没有给自己这个选项的。

李翔:按照通常的创业理论,如果你做起来就卖掉,应该是之前的赛道选得不好,可以这么讲吗?

杜国楹:我觉得客观上跟行业有关,跟年龄有关,但本质上是个认知的问题。

李翔:你通过什么方式刺激你的认知迭代呢?

杜国楹:遇到困难的时候自己思考,跟大咖聊,看书,几个方式吧。

李翔:但不是遇到困难就放弃抵抗吗?(笑)

杜国楹:放弃抵抗之后也会思考,思考不会停止。我总结过什么情况下认知会发生大的迭代。第一就是遭遇天大的挫折,比如像我的破产。第二就是碰见高手,聊完醍醐灌顶,"听君一席话,胜读十年书",这种感觉人生中也会有几次出现。第三就是经典的理论,实际上这些东西已经在那里,只不过可能没有被你发现而已。

李翔:你这么多年特别巨大的挫折就是破产这次,是吗?2019年算吗?

杜国楹:2019年的舆情在破产面前倒不太是个事儿,算是第二大挫折吧。破产肯定是最大的一次。

李翔:破产这个挫折就是把你的认知从营销转到了产品

上,是吗?

杜国楹:对。为什么会出现认知的迭代?再总结一下就是:重大人生挫折会让人反思;高手醍醐灌顶,认知跃进;学习实践加思考,持续精进;崇高的理想,爱的召唤——这些话我过去从来说不出口的,做茶之后真的是有使命感,有爱的召唤。

李翔:爱的召唤这种词,你是原创的、自己想的吗,还是有借鉴?

杜国楹:原创的。随手就写下来。我讲爱的时候,更多是讲利他之心。我们把爱分成了三层,最基础的爱是责任,对父母、孩子这些的爱;第二层是热爱;第三层是利他。我们在追求第三个层次。

李翔:你最开始意识到营销的力量是什么时候?在天津打工的时候?

杜国楹:第一次是在天津的时候,在电台投了2000块钱的广告费,让我认识到广告的力量,都不是营销的力量。一次广告改变了我的人生,我就觉得广告这么大魅力,开始不断地尝试更多的可能性,学习理论,去做更深刻的实践,对广告建立了自己清晰的认知。

李翔:之后才开始系统地研究。

杜国楹:从《中国经营报》、《销售与市场》、《定位》、科特勒，从营销管理这些基础的理论开始。那时候《中国经营报》和《销售与市场》属于基础资讯，营销管理讲4P、讲定位、讲心智——事实上是讲心智空白。这些是我20世纪90年代学习营销的主要营养来源。

李翔：主要靠自学？

杜国楹：全靠自学。偶尔周末会来北京听课，那时候人在天津。

李翔：产品呢？产品的力量是什么时候开始感受到的？

杜国楹：第一次做背背佳的时候。背背佳在今天看来实际上是极其简单的产品，利用力学原理矫正含胸驼背，但是那个产品本身，它的结构、面料，我们在当时的条件下也是做了很多创新的。比如，怎么把面料做得更舒适，把力度、施力的科学性做到最好。袁兵教授①的专利拿来之后，我们做完整个结构和面料的修改，消费者马上买单。所以在产品创新上，我是享受了红利的人，做一点点创新，市场都给了我正激励。

事实上到了好记星时代也是一样，到E人E本时代又是一样，一个受到了持续正激励的人在产品创新的道路上是不会停止的。

我们在研究袋泡茶的时候，想做一个创新的东西，如何既能控制成本，又能提高颜值，还能提升体验。当时项目成立了

---

① 天津大学物理系教授，背背佳专利的发明者。

一年多，有一个技术一直过不了关，就是遇到高温之后，铝箔析出铝超标。他们说服我，先做一个袋泡形式的产品上市，我妥协了，但是产品的创新力度不够，细节不够好，形态和整个产品的逻辑没有做好就上了，结果证明就是错误的。

我是尝到了产品创新甜头的人。在一个传统品类里，如何通过形态的变化、体验的变化、功能的变化，给用户带来很多新的价值，市场给了我很多正激励。我任何一次创业，一个东西一点创新没有，这个情况几乎不会在我这儿出现。我一定是重新审视这个品类，已经解决了什么问题，有哪些问题没有解决，我们应该解决什么有价值的问题，怎么给用户带来直接的价值。

李翔： 这些正激励、正反馈，多大程度是因为产品本身提供的价值和创新，多大程度是因为渠道好、营销好，能区分出来吗？

杜国楹： 我们的袋泡茶，渠道再好也卖不了，太平庸了，跟市面上已有产品没有什么区别。所以我说，我在这条道路上已经形成了惯性，就是必须创新。即使是一些老的品类，也要重新发现痛点，为用户创造新的价值。茶本身，3000多亿元年销售额的行业，连一个10个亿的品牌都没有，这太需要创新了。需求就在那儿，问题就在那儿，我觉得一定能找到解决方案。

李翔：你享受过价值观红利吗？

杜国楹：我觉得在小罐茶上已经初次尝到价值观的甜头了，因为我创业从来没有一次像做小罐茶这样做这么长时间。

李翔：时间最长。

杜国楹：9年，前面准备了4年。即使2019年我们受到了攻击，今天销量又能恢复到历史最高水平，就是因为我们对品质、对标准的坚守。我觉得市场也在给我正反馈，包括我们做工业化所有这些东西，最终市场还是买单的。在价值观这条道路上，我刚刚尝到了甜头，过去是没有的。

李翔：你从产品到价值观阶段的转化，是意识到了价值观的力量，还是看到别人这样做了？

杜国楹：在卖掉公司准备做茶之前，我看了20世纪90年代的农夫山泉，看了阿里巴巴、腾讯这些公司的整个过程，它们都是在我创业过程中间出现的，没有我早，最后都成了庞然大物。我在问我自己，我愿意这样去做吗？我去做的时候，如果一件事投入20年、30年、40年，会做成什么样子？这是我人生想验证的东西。我觉得真的想做伟大的商业，就应该这样做。我就开始看这些企业背后有什么秘密，发现价值观才是决定性的。

营销和品牌

李翔：成功的营销关键在什么地方？是找到媒介的价值洼地吗？

杜国楹：媒介肯定要寻找价值洼地，广告投放需要成本控制。但无论是公关还是广告，内容不行一样不行，内容和媒介之间的关系和逻辑是一样的。

李翔：就是内容是1，媒介是0。

杜国楹：没错，媒介成本很重要，但前提是内容要好，内容不好没价值。

李翔：内容这个环节怎么控制？完全自己打磨？

杜国楹：内容以我们自己打磨为主，也会请一些第三方公司来参与，但是核心策略主要靠我们。人很少，早期媒介就一个人，广告两三个人。

李翔：内容确定的流程是什么样的？

杜国楹：20世纪90年代最早的打法逻辑就是提出问题、解决问题、例证——也就是找到案例证明一下。今天这个逻辑的形式在变,但根上没怎么变。要让人知道你能解决问题、凭什么我信你、凭什么你是最好的。一是如何让用户知道你是最好的,二是你产品有没有能力做到最好。

李翔: 能举一个例子吗?

杜国楹: 比如说背背佳第一条广告,当时请关凌做的。在日常生活中,我们经常会看到这样的现象,好,画面来了,一个老师在课堂上正讲课呢,突然朝学生喊:"坐好了!"镜头一切回到家里,孩子在台灯底下写作业呢,妈妈回来了,"坐好!"一巴掌下去了。这就是提出问题。

解决问题,背背佳就是代替老师和家长的提醒,我是一个什么样的产品、什么样的原理、什么样的功能。家长、孩子之前是这样的,现在用了以后是这样的。

提出问题、解决问题、例证。今天的逻辑其实也是这样。

今天茶叶市场的乱象是价格没谱,到底多少钱一斤,不知道,这是提出问题;解决方案就是中国十大名茶,统一品级,统一价格。这是我们准备做生活茶的逻辑,捕捉痛点、给出解决方案的基本逻辑在这儿,但是在抖音上你怎么对用户表达,在分众①上怎么表达,在海报上怎么表达,不同媒介上的内容表现方式要发生变化。

---

① 指分众传媒旗下的电梯终端广告。

李翔：整个过程都需要你自己参与吗？就是提出问题、解决问题再加例证的整个思路。

杜国楹：我对需求肯定首先要洞察。所有的创业项目启动时，需求我肯定要先识别清楚，否则这个项目都没有必要上。比如说，为什么要做年份茶，你发现年份茶是中国茶的深水区，是乱中之乱的地方，那怎么解决呢？我们有标准，用标准建立信任，就是小罐茶再进阶一下，这个逻辑是可以解决这个问题的。

刚才我讲的生活茶，一泡茶就三五块钱，你怎么解决呢？一样。就是需求要在，肯定是有对需求的洞察，包括对人群、场景的洞察，肯定是要拿捏清楚，这样才可以往下走。这个需求是真实的存在，需要一个新的解决方案给用户，这就是一个品牌的机会。

李翔：其实是把你创意产品的思路，放到营销内容里了，是吗？

杜国楹：一个产品经理如果没有营销思维，没有需求和用户痛点的思维，是很难做好产品的。后来我讲，我是一个有营销基因的产品经理，为什么？我做营销出身，你今天让我做产品，需求判断不清楚，这个产品我不会做的。我必须知道这个产品要解决什么问题。中国茶一个方案解决不了，我们用六个品牌①把所有的子赛道全解决。

李翔：一下子要做六个品牌，步子是不是迈得有点大？

杜国楹：是有点大，所以我们前端都是独立的，项目负责人是独立的，中后台共享，把产品先打磨好，然后慢慢再做样板市场。成，组织资源再推进；不成，夭折。我不敢保证百分百的成功。

李翔：媒介环境的一个变化是，20世纪90年代甚至到2010年之前，媒介还是相对集中化的，今天已经分散化了。

杜国楹：今天对抖音平台来讲不分散，还是一家抖音，只是分发的时候貌似分散。你可以认为今天的抖音是中国电视台的总和，县级电视台、地市级电视台、省级电视台、央视，它一家收入相当于所有这些电视台的总和。理论上来讲，to C（面向用户）的时候是分散的，但是对你而言，合作平台是集中的，你做好一个平台就可以辐射中国几亿人，关键你怎么花好这个钱，这是一个学问。

李翔：你做过的五个品牌，瞄准的媒介价值洼地是不一样的，我可以这样理解吗？

杜国楹：每一个都不一样，电台和电视不一样，电视和报

---

① 指年份茶、原叶小罐茶、生活茶、类似于咖啡机的茶饮机、瓶装饮料、线下空间。

纸不一样，地方台跟央视不一样，央视跟户外不一样，户外跟分众不一样，分众跟抖音不一样，每一个都不一样。但它背后的基本逻辑是一样的。

我的营销标签跟这个也有很大关系。为什么呢？我签完合同以后就闭着眼睛投了。因为内容我们已经反复测过，不然内容靠不靠谱我还不知道，怎么敢大规模投放。我一直是先测内容的准确性，内容没有问题，媒介集中采购，就是所谓"饱和投放"。我在媒介上花的时间成本是最低的，一年就谈一次。真正是内容比媒介花时间。

李翔：内容准确性怎么测试？

杜国楹：不同时代有不同的测试方式，今天抖音就更好测了，ROI（投资回报率）当天就出了。以前有电话中心，比如说报纸电话订购，ROI都可以马上算出来。我们是最早做这种品效合一的广告的，既有品牌，又追求效果。我们在传统媒体时代就是这样。

李翔：今天还有品效合一的广告吗？

杜国楹：还有，你不能火辣辣的光卖货，靠促销做不出品牌的。但是创业公司又不敢不追求效果。追求效果基于两点：第一是测试内容的效果，到底用户会不会行动；第二我要适度收回一些媒体成本。不敢纯做品牌，打1000万下去，市场什么反应你不知道，不敢这么做。我们的品效合一，效果会随着时间的推移降低，从八成的效果到五成的效果，到两成的效果。也就是品牌起来了，我就不用做那么有时效的广告了。

李翔：你自己比较得意的案例是什么？代表作。

杜国楹：这五个都是代表作，代表了不同品类在不同时期对不同用户的理解。如果问我最满意的，还是小罐茶。

李翔：小罐茶相对之前的品牌，迭代在什么地方？

杜国楹：最大的迭代在美学上，整个设计起点比以前要高很多。

李翔：你是指广告还是产品？

杜国楹：产品。

李翔：为什么？

杜国楹：因为做高端嘛，所以我们敢请全世界顶级的设计师来参与包装设计、店面设计，所有的设计。我们楼下四楼那个 100 平方米的店，付了 1000 万元设计费，就是请乔布斯还在的时候第一代苹果店的设计师做的。

消费电子和产品的生命周期

李翔:在你做过的品牌里面,背背佳算是营销时代的产物。

杜国楹:17年前我就把这个公司卖了,2004年卖的。但是这个产品其他渠道不说,到现在一年在线上还有两个多亿的销售额。孩子和部分年轻女性在用。它也没有什么投放,为什么一直还有这么多人买?就是因为用户认同它。

李翔:它的产品生命周期这么长,出乎你的意料吗?

杜国楹:不太出乎意料,我觉得它的需求会永远存在,20年后也会存在,孩子在成长阶段,年轻的女性,始终会有这个需求。除非被替代掉,就跟方便面现在卖得不太好,是因为被外卖替代一样。

李翔:其他几个品牌呢?

杜国楹:消费电子的逻辑不一样,因为技术更迭太快、进化太快,所以被彻底替代的机会很大,跟背背佳没有可比性。茶就又回到最原始的逻辑。你就在家不出门,天天活在互联网的世界里,该喝茶也得喝茶。茶也有它的不可替代性。

李翔：为什么你第一次创业就做了一个需求一直在、产品生命周期又很长的产品？

杜国楹：和我当过老师有关系。每次上课拍拍桌子提醒孩子们坐直的场景，在我脑海里印象太深了，背背佳代替的就是老师和家长的那声提醒。但其实在做茶之前，每一次选择都没有做茶这么认真。我就像一片叶子丢到了河里漂啊漂，漂向哪里不知道。第一次是不会选择、没有能力选择，第二次是来不及选择。

李翔：你第一次的选择不还挺好？

杜国楹：不知道，选得好是意外，是蒙的。

李翔：没有总结出方法来？

杜国楹：没有总结出方法。但是后来做茶，是我人生最慎重的一次创业决定。中国俗话叫"女怕嫁错郎，男怕选错行"，这话我是认的。我看完我身边十几年的案例之后，发现选对行当很重要。本质上我是个专注的人。

李翔：你做了三个消费电子的产品或者说品牌，全都是误打误撞吗？

杜国楹：误打误撞。

李翔：不知道这个行业这么残酷，是吗？

杜国楹：不懂。我要是懂肯定早选茶了。当年做背背佳是直觉这里有需求；后来做好记星是为了还债；E人E本是按我自己需求设计的产品,想做成品牌。我也不是做技术的,我就是找到一个细分市场,找到一个细分需求,在一个很窄的视角里解决问题而已。我那时候没有什么行业梦想。中国手机应该怎么做,中国学习机应该怎么做,中国pad应该怎么做,我那时候没有那个视角。

做茶的时候,从第一天就变了,都不一样。冥冥之中我就觉得自己是为茶而生。我前几次开会还吹过一个牛,我说20年之后,会发现人生最重要、最正确的决定就是2012年选择做茶。

李翔:你2012年选择做茶的时候已经有方法论了吗?就是怎么选行业,怎么判断行业生命周期,这些已经有了吗?

杜国楹:虽然我的方法论没有那么系统,但是我当时说,多好的消费电子我都不做了。消费电子两个核心模式,小米是一个模式,极致性价比;然后是华为,核心技术。这是两个极端的案例。我在想我成为谁有可能?谁都没可能,不具备这个基因。

李翔:为什么呢?

杜国楹:任正非在部队是有科学家素质的人,钻研起事儿来肯定是玩命的,我不是做技术出身的人。小米是互联网基因,基于互联网玩极致性价比,我也没有。我有什么基因?我要重新审视我自己,还是要顺势而为,不能说过了四十岁重新修补能力、重新培养核心竞争力。

我的核心竞争力是什么？洞察用户需求，极致打磨产品，然后底下有一帮经销商，一声令下他们愿意跟着咱们干。为什么？20年不让他们亏钱，亏钱我担。

李翔：其实小米也是2010年才开始做，做消费电子你起步并不晚。

杜国楹：基本上同一个时期，我做平板的时候，几乎跟他们是同步，我们产品上得比小米的手机都早。我们做安卓开发时还没人做呢，但是因为没有技术基因，对技术、对敏感性的判断和对趋势的把握都有问题。

李翔：今天消费行业在你看来算不算有很大的变化？有那么多新品牌出来。

杜国楹：变化很大。

李翔：这些新的产品思路、新的打法，会对农夫山泉这样的公司有冲击吗？

杜国楹：会，对它也有挑战，它也要进步，也要进化。这个行当平静了太久，没有惨烈的竞争到来，我觉得杀出一个对手对它未必不是好事。一个企业在这么大年纪的时候能涅槃重生、继续向前，也挺好的。

李翔：可能这个行业这么多年很平静，就是因为护城河水太深，其他人做不了。

杜国楹： 国内就这几家，娃哈哈、农夫山泉、统一、康师傅，最大的壁垒就是渠道壁垒。任何一个新生公司要把中国200万个终端铺下去都很难。200万个终端、100万夫妻店，听了头皮都麻。但是它们①都是这么多年攒下来的，什么产品说要下去，一下就下去了。创业公司怎么铺？想想就害怕。

包括我做茶饮料，我最大的恐慌不是产品和广告比它们差，这两个我肯定是有信心的，而是渠道要怎么建起来。所以我跟团队讲一个逻辑，本质上是用更高的效率快速解决渠道的问题。经销商不赚钱，你永远铺不下去，要让经销商赚更多的钱，快速把渠道占领。前期你得尽量少赚，才有机会参与这个游戏，否则你账算得挺清，农夫山泉一瓶水让他赚2毛，你只让他赚3毛，那他可能不愿意干，因为农夫山泉有规模，你肯定没有优势。

---

① 指老牌的消费品公司。

早年经历

李翔：我想问一些早期的东西，你1992年从师范学校毕业之后，就是在教化学吗？

杜国楹：对，教化学，初三化学，也是初三班主任，第二年还接了学校团委书记。

李翔：那两年是怎么度过的？

杜国楹：边认真教书，边寻找机会。我还是非常非常热爱教育的，但是当时就躁动太强烈，觉得不甘心在这儿待一辈子。我觉得我的人生不应该是这样的，就坚决走。所以第一年在中学的时候，我经常看《羊城晚报》，看招聘启事。《羊城晚报》在20世纪90年代的时候，整版整版的招聘信息，各个公司招各种人，在广东各个城市。

李翔：《羊城晚报》是广州的，你怎么看到的呢？

杜国楹：订啊。

李翔：你当时想做什么呢？

杜国楹：不知道，就想去那片热土。

李翔：是想去广州是吗？

杜国楹： 去广东，东莞、深圳、广州，我也不知道哪里是哪里，反正就是珠三角，就觉得那儿都沸腾了，我们还在这儿做这个呢。

李翔： 你最后离开的直接动因是什么？

杜国楹： 我哥哥的一个同学去郑州一家公司打工了。他原来是在县城当公务员，也毅然决然下了海。下了海之后到郑州打工，被分到了广西南宁，说还不错，你愿意试试吗？我就出发，从郑州开始。

我走的时候，因为我家我最小，我爸就不让走，坚决反对，找校长。我就跟我妈偷偷商量，背了个包，领了最后一个月151块钱的工资，直接走了。辞职了。什么也没有。

李翔： 所以当时也没有什么压力，是吗？

杜国楹： 还好，因为父母那时候还年轻。我爸那个时候有退休工资，条件还行。我是最小的，就是一个老儿子结婚这点事，我也不让他管了。我走了，我哥我姐可以照顾他们。我是一人吃饱，全家不饿，当时没有任何精神压力，就是想走出去闯世界。

李翔： 当时你身边这种人多吗？

杜国楹： 不多，我出来之后，又出来了几个。再后来都是我创业成功了,大家听说了又想出来,但结果他们都娶了老婆,生了孩子,找我的时候,我说不建议他们出来,因为都没有那么洒脱了。

李翔:当时你去了郑州,然后是从郑州去的天津?

杜国楹:郑州培训了三个月,派到天津去了。

李翔:所以是派的,不是主动选择的。

杜国楹:几乎不太让选,但天津是一个好地方,是一个直辖市,比一般省会城市都大,市场机会还是可以的。

李翔:去了之后就是做销售,是吗?

杜国楹:就做销售。

李翔:会觉得有落差吗?

杜国楹:刚开始去还挺兴奋的,就觉得想办法肯定能做出来,做了四五个月,做得一筹莫展。

李翔:我的理解,老师应该还是比较受人尊重的,做销售就完全是另外一回事了。

杜国楹:脸面这些东西,做销售的时候都豁得出去,没有问题。你想我能够两三个月把7个终端拓展到100多个终端,我要见多少人?蹬着自行车送货,每一个店、每一个终端去谈判,到周末的时候我还要盯着柜台销售。

李翔：这家公司给你的训练是什么？

杜国楹：训练把我推向市场，到市场上找饭吃。你发现谁都靠不住，老板靠不了，没有人可靠，你要解决市场问题。我从第一天就是市场经济下的蛋。辞职之后，从1995年上来就走向市场，彻头彻尾的市场经济，没有勾兑的生意，一直到今天。

李翔：当时你们销售的培训有用吗？

杜国楹：有点用。

李翔：就是郑州的三个月培训还是有点用的。

杜国楹：所有培训的东西，我们到店之后，周末就守在柜台边上整天待着，看跟顾客怎么交流、怎么销售、怎么去成交，所有的过程都要经历一遍。我觉得最应该感谢的是那一段把我推向市场的经历。

李翔：就是在天津的那两年。

杜国楹：对，就把你推向市场，自己解决问题，没有太多的方法。

李翔：当时把你派到天津，天津已经有团队了吗，还是你一个人？

杜国楹：一个人。那个办事处就一个人，一间小平房。我就是一个人、一辆自行车、一间小平房开始的。

李翔：是因为性格比较外向吗？当时没有心理障碍吗？

杜国楹：我性格也没有那么外向，当然肯定也不是内向的人。

有一次我家乡周口的市委宣传部邀我回去分享，我当时备了课，我就想我身上的基因、我骨子里这种气质从哪儿来的。比如说永当第一、永不服输的精神，就是小时候被我爸吓出来的。我是一个被吓大的孩子，害怕考不好假期看到我爸，一个假期没有好脸色，把我吓得半死，我妈也跟着我特别担惊受怕。所以任何事都想做好，在我眼里没有困难，给我时间总有方法，就是这个逻辑。上学的时候是这样，教书的时候是这样，打工的时候是这样，创业也是这样，这个特质就已经在那儿了。

李翔：你之前作为一个老师，应该是从来没有经历过所谓的市场洗礼，到天津之后怎么破冰的呢？

杜国楹：天津破冰就是我把7个终端做成100多个终端那段时间，7000块钱的销售额变成了1.7万。但仍然不行，终端数量放大了十几倍，销售额增加不到两倍，就是单店效益仍然上不来。基本就是一个店里送完货，一个月开张卖一个，这种水平。所以就很焦虑。当时小平房连电视机都没有，晚上听收音机，发现收音机可以做广告，就开始研究能不能做广告试试。做了一次之后，就发现我的人生改变了，广告原来有这么大的魅力，从此一发而不可收，直到我破产。（笑）

李翔：广告是当时你们整个公司都没有这个意识？

杜国楹：没有，全公司都没有做过广告，没有人会。1995年，我们全国的办事处都至少到天津学习过一次，每个人到天津就地学习，给我打下手，看我进电台怎么讲，看我怎么卖货，看我怎么做现场直播。天津成为样板市场，把这个模式直接辐射到全国。我到那个公司的时候，全国几十个办事处，一个月100多万元的销售额；我走的时候，天津市场接近300万。

李翔：你走的时候，老板不挽留吗？

杜国楹：挽留啊，但是我坚决要创业。

李翔：你走的时候天津已经有团队了，是吗？

杜国楹：有了，那时候人多了，副经理可以接了，轻车熟路，都跑清晰了。

李翔：你当时去电台做广告，内容完全是自己写的吗？

杜国楹：全自己写，这东西不难，就跟咱们聊天差不多，一个聊天节目。

李翔：当老师对你也是有帮助的吧？

杜国楹：有点帮助。其实就是提出问题，解决问题。你提出这个问题，本质上就是对需求的洞察，用户到底有什么困惑，现在有没有产品、有没有服务可以解决这个困惑。如果有，哪儿没有解决好，让消费者还在痛。

李翔：当时大概的话术是什么样的？

杜国楹：就是讲问题，讲这个东西怎么能解决问题。

李翔：那个产品的产品力怎么样？

杜国楹：现在看一般，不过1995年，我们的市场经济很初级，非常初级。

李翔：那个时候你还看类似于《羊城晚报》这些吗？

杜国楹：不看了，到天津觉得这个海面已经游不到边了，从一个小镇到了直辖市，不一样。

李翔：你在那个公司有两年吗？

杜国楹：1995年、1996年，两年多一点，我是1994年年底从学校辞职的。

第一次创业和破产经历

李翔:为什么那么坚定地一定要出来创业呢?

杜国楹:想自己主导,做自己想做的。

李翔:是不满还是?

杜国楹:我的路径都很像。在教师那个岗位上,我看到了我下一个30年,不是我想要的。在这个公司打工的时候,我仍然看到了我的下一个10年,我觉得它给不了我我想要的,给我的也不是我想要的。

李翔:你想要什么?

杜国楹:我想要一个更大的舞台。

李翔:其实是一个模糊的概念。

杜国楹:对,模糊的概念,没有那么清晰,就是觉得舞台小了。做背背佳也一样,也是看到了瓶颈。你看小罐茶,没有瓶颈,有问题是你自己的问题,自己去解决就好了。这个行业的天花板你根本没有碰着,早着呢,向内找自己的问题,继续解决问题,继续前进。

李翔：之前打工的那个公司后来怎么样了？

杜国楹：后来应该是不行了。

李翔：你关心过它吗？

杜国楹：老板前些年去世了，大概是5年前，细节我不太清楚。

李翔：1997年你开始做背背佳的时候，身边出来创业的人多吗？

杜国楹：不多，我身边的同事们都还没有勇气辞职，我是第一个直接辞了的。

李翔：你辞职之后是马上就找到了背背佳的方向吗？

杜国楹：我已经决定要做这个事了，所以才辞职的。

李翔：背背佳当时有拿投资吗？

杜国楹：没有，从来都没有，那年代都没有投资。我第一次是拿了49万块钱的奖金去创业。第二次是东拼西凑，回家把老爸的生活费都取出来了，凑了46万块钱开创好记星。

李翔：你很多次提到那次破产、失败，当时具体的情况是怎么样的？

杜国楹：那是折腾新项目的时候。我不跟银行打交道，没有贷过一分钱的款，所有的负债都是经销商提了货，把货拿走了，结果质量不行，我又全部把货收回来。但是我账上没有钱了，就打借条，实际上欠了4600万元经销商的货款。没有银行负债。还款的过程就是挣点还点，挣点还点。

李翔：其实相当于你做背背佳的过程里面，就开始不断地做其他的项目，是吧？

杜国楹：对，就是后期，从1999年、2000年就开始了。

李翔：背背佳是1997年上市的？

杜国楹：1997年大概6、7月份。

李翔：然后你1999年就开始做新项目？

杜国楹：对，1999年就开始做新项目，1997年、1998年那两年盈利不错。

李翔：当时你做新项目有自己的逻辑吗？

杜国楹：有逻辑，就是自己自以为是的逻辑。

李翔：是什么逻辑？

杜国楹：我想做就得行啊，刚愎自用，就觉得背背佳我都能做起来，还有什么做不起来，就觉得营销是万能的。

李翔：你今天看，为什么背背佳起来那么快？

杜国楹：需求抓住了，产品创新上也下了大功夫。

李翔：后来你的项目为什么就没有起来？

杜国楹：第一次投的比较大的是做了一个背背佳和内衣的结合，就是一个矫姿内衣。可孩子在发育阶段，箍得太紧，家长有担心。但是当时我也不调研，不问家长的意见，我也没有孩子。我对这些东西都缺乏理解，盲目自信。产品备了一仓库，最后不行。第二次是因为产品质量，是做了那个保暖鞋，去东北卖保暖鞋。原理是把电池嵌到鞋跟里，然后鞋垫发热。实验室数据是，充一次电可以保暖8小时，结果到东北户外2个小时就没电了，穿3天基本上线路都会被踩断，经销商的货全部召回了。因为那个旺季特别短，11月、12月、1月，三个月，春节过后就结束了，所有的加起来备了六七千万的货，还有所有前期的市场投入，全亏进去了，这一次就彻底破产了。

李翔： 整个过程很快？

杜国楹： 因为保暖鞋只能在这个天气销售，正常的销售周期只有三个月。而且拿到专利权和所有的实验数据以后，我们是相信的，来不及做验证，就把产品开发出来，然后先启动市场了。

李翔： 当时也是全国销售吗？

杜国楹： 主要是东三省。然后发现首先是保温不到8小时，2个半小时就没电了。消费者一买，就意见很大。经销商打电话给我，我不相信，就带着那个专利权人直接飞到了长春，去了香格里拉饭店和卓展商场那块儿。

从北京飞过去的，到了之后，晚上冰天雪地，零下20多度，我穿上保暖鞋，在楼下一圈一圈地走。我就想看充满了电，到底能用多少个小时。果真2个多小时就没电了。我还是不相信，就上楼又换一双充满电的，再走。

李翔：你和专利权人？

杜国楹：对，经销商陪着，三四个人。结果第二双2个多小时还是没电。我直接就信了。那还有啥不信的？

李翔：你之前的实验数据是在北京做出来的？

杜国楹：实验数据是专利权人提供给我的，因为他搞这个技术搞了很多年，我当时还是很相信他的。

李翔：数据变化跟温度也有关系吧？

杜国楹：外界温度发生剧变的时候，能量消耗会成倍级地提高。当时在事实面前，你不得不接受。

李翔：信了之后，你那时候是什么状态？

杜国楹：我内心瞬间肯定是崩溃的，觉得完蛋了。但是静下心来会想后面怎么处理，最危难的时刻来了，如何去应对。

李翔：陪你走的人是什么反应？比如专利权人，当地的经销商。

杜国楹：当地经销商肯定是说，对吧，是这样吧？专利权人刚开始也不信，后来就说他们的实验不严谨。他属于那个时代的个体发明人。他就是个个人，你根本没法追究他的责任。

我买他的专利花了一两百万,要回来也无济于事,解决不了问题。

李翔:你之后也没有再联系过他?

杜国楹:不联系,没联系,他深深地伤害了我。(笑)

李翔:接下来你就回北京了,是吗?

杜国楹:回来准备处理后事。不敢卖了,卖就有问题。而且还有鞋碳纤维断的问题,我那天晚上虽然没有遭遇到,但是沈阳市场爆出来有断的问题。这两个问题一加,这个事情直接就结束了,所有的广告投放全部停止,不敢卖了。

李翔:你们主动打电话给经销商,让他们不要再卖了?

杜国楹:打啊,这个事结束了。直接停掉,能卖也不卖了。

李翔:那些鞋怎么办?

杜国楹:直接发回仓库,当时我们的库址在天津。就是几千万成本的鞋全部当破烂卖掉。当普通鞋卖都没办法,虽然上面的皮子本身还挺好,但是鞋跟里那么多电池封进去了,你当皮鞋卖,哪天谁穿电池爆了,还会有危险。

李翔:就是当废品卖掉?

杜国楹:当废品卖掉。

李翔：你做背背佳的时候没有经历过这个过程吗？比如说产品的试用、调研。

杜国楹：背背佳没有。背背佳就是因为没有钱，想大干干不了，都是一点一点干。一试行，接着稍微加点，再试。然后全国拉开了，是这么来的。第二次、第三次的时候就是因为有钱，账上这么多钱，还用验证吗？几大仓库的货都备好了，一干不行。脑子发热，就是整个狂，不知天高地厚了。

李翔：当时经销商不会给你反馈意见吗？这个东西能卖动不能卖动。

杜国楹：有反馈意见，我想听就听，不想听就不听。现在看起来是特别低级的错误，但那个年代就是脑袋发热。钱多烧的。第一笔钱挣得太快了。

李翔：当时也没有总结过第一笔钱到底怎么挣的。

杜国楹：难以承受之重，驾驭不了，就是该你的都是你的，不是你的都会还回去的。

李翔：这个过程里面背背佳其实一直还在卖。

杜国楹：一直在卖，销售没停，只是量有波动。

李翔：背背佳的货不能抵欠款吗？

杜国楹：背背佳有背背佳的经销商，不完全一样，有部分是一样的，有部分是不一样的。

李翔：当时会有多惨呢？我想象不出来，因为背背佳不还是在做吗？

杜国楹：背背佳也阶段性地陷入了一些困境。因为整个人员的精力全拉到新项目上了。

感动我的是，2001年还是2002年春节，因为我对象在济南，我要从北京开车先去济南。当时背背佳很多业务还在天津，我的一个老副总在那里守着。他们当时活得也很艰难。他说在天津外环线上等我，一定要见我一面。见了面，才知道他是给我带两瓶茅台、两条中华烟。当时把我感动得热泪盈眶。

李翔：那时候你爸妈、兄弟姐妹，知道你破产了吗？

杜国楹：不知道。

李翔：没有跟他们说过？

杜国楹：我最赚钱的时候，赚了多少钱，他们不知道。我破产的时候，他们也不知道，事后还完账才告诉他们的。他们只知道我很拮据，好像突然间变得很节俭，但是到底发生了什么不知道。觉得好像是生意不好，但是不好到什么程度，不知道。我是后来整个事情过后，才给他们解释的。

李翔：但是公司的人都知道？

杜国楹：公司里我身边的人都知道。

李翔：你怎么给大家做心理建设？

杜国楹：普通员工保留工资，管理层几个核心骨干心理建设要做好，讲我们还是要有信心，还掉账，我们重来。所以那个期间的同事，这20年过去，在我心里肯定都是分量很重的，经历过生与死，在最难的时候都没离开我。

李翔：你怎么做到让大家相信这个事情的，能够不离开？

杜国楹：我觉得大家第一还是相信我的为人，第二相信我创业还有机会，还能折腾，能东山再起。这两个少一个都是不可能的。事实上这帮骨干，在那个年代最难的时候，不领工资都愿意在这个体系里。当然我后来好了之后，所有的兄弟我也没有亏待。包括每次卖公司（的收益），这些骨干都有份。

三年多还4600万

李翔：说回破产的事，你打电话让经销商退货回来的时候，他们是什么样的心态？

杜国楹：他们也很失落。

李翔：有没有人怕你直接跑路？

杜国楹：肯定有人怕我跑。最后来要钱的时候，什么样的都有。有的人不信，立马要钱，老朋友就安慰我。比如因为背背佳在我身上赚过钱的，对我的耐受力就高一些。第一次认识我、第一次合作的，就比较焦虑。所以先还的都是非老朋友。但是截止到目前，这次破产仍然是我人生最大的财富。

李翔：怎么讲？

杜国楹：来得早，来得彻底。那时候我还没结婚呢，一个人吃饱全家不饿。男人嘛，一个人扛，日子过苦一点，怎么样都行。但有老婆孩子老人，这些问题怎么办？所以我觉得这个打击来得早挺好，是20多岁的时候来的，如果到50岁来场这样的打击，是不是更残酷？

李翔：当时你欠了一大笔钱，人的状态也很不好，有没有想过干脆算了，钱也不还了？

杜国楹：想过，我想过把这个公司破产。但是再一想，以后我还要在这个市场上混，我怎么去面对这些人？想完这些之后，我说我自己作为一个个体、作为一个人，欠了人家钱，即使从法律上有办法逃，但是没办法面对身边这些人，我接受不了。

李翔：是你自己想的，还是大家坐下来商量？

杜国楹：我自己首先要想这个事情。当然我要找律师，律师给我的建议就是破产。

李翔：律师的建议是破产？

杜国楹：对，你的公司没有偿还能力，破产，把该卖的东西卖掉，按债权大小先后关系去还债，这是处理方式。但是我想我怎么能破产呢？我怎么去面对这些人呢？我以后在市场上还做吗？不可能的。肯定扛下来。我当时还说，如果4000多万都还不起，那我的人生还有什么意义？

李翔：4000多万那时算很大一笔钱了吧？

杜国楹：那时候北京最好的房子1万块钱一平方米，一般的就是五六千。

李翔：所以当时你欠的钱全都是公司债务，不是个人的债务？

杜国楹：是跟公司签的。

所以在创业的问题上,第一个阶段0到0.1之间,这个小闭环一定要完成。我们有钱的时候只是花更多的钱去验证,但是这个0到0.1的闭环不做完,你是不敢往前走的。这是破产给我的最大教训。0到0.1阶段,它的风险是有限的,是可承受的,但是如果不加验证,上来就直接大规模往里面投放,这是无法承受的,多大企业这么做都会有问题。

李翔: 最后用了多久把钱还完的?

杜国楹: 还到2003年,一直到好记星时代。2003年年底。最后一笔是一个哈尔滨代理商的钱,46万现金,隔着茶几把钱推过去。我说这是我欠的最后一笔了。还完,当天晚上喝了一场大酒,我觉得我解放了,可以重新开始了。

前后用了三年多。前面很慢,从2000年的11、12月份到2003年的5月份,两年多还了800多万,做好记星时还欠3800万。太刻骨铭心了,小事我都不记得了,但是最重要的几个节点,欠的总数,第一段还了多少,前期两年半的艰难,最后一笔钱怎么还的,印象是比较深刻的。

李翔: 前两年半还得很艰难,当时有没有那种恐惧,就是可能余生都像这两年半一样艰难了?

杜国楹: 有这个恐惧,也有这种可能性,按这个方法还,不就是奔十年去了吗?当时很焦虑,脑袋上大块的斑秃有好几块,像硬币一样大。在郑州的时候还找中医,问怎么治疗斑秃。医生说没办法,你这是焦虑,没那么焦虑了,自然慢慢就好了。后来到了2003年,公司渐渐有起色了,也就好了。这二十多年一直都没有犯,发量还可以。(笑)

李翔:那时候你有没有一个明确的还钱计划?

杜国楹:我想一年就还完,但还不动啊,做点小业务就很慢。

李翔:过程中有没有想过算了,不还了?

杜国楹:没有,我是这样的个性,第一天做了决定,就不后悔,坚持到底。而且我坚信能找到机会。否则我就只剩一个选择,公司破产,回家教书去了。

李翔:最后还的那个人,是跟你比较熟的吗?

杜国楹:相对比较熟,他钱比较宽裕,不差这几十万。他是跟我谈谈还挺同情我,理解我,也不逼我的那个人。所以那天晚上还那个钱的时候,还得我热泪盈眶。他能理解我。

李翔:他是专门飞到北京来的?

杜国楹:飞到北京来,我请他来的,安排好酒店,安排好吃饭,晚上一场大酒,钱准备好,给他。

李翔:今天还联系吗?

杜国楹:联系。就变成朋友了。

从好记星到橡果国际

李翔：我看材料里面说，你带一个小团队就回到郑州了？

杜国楹：对，当时我在北京租办公室，先是在和乔大厦①，现在和乔大厦是埋在所有高楼中间，当时万达广场那一片全是小平房，就那儿有一个写字楼。后来那个写字楼太贵，我们就退租，换到劲松大厦，租了300平方米。后来觉得还是贵，什么都贵，咱们走吧，郑州成本低，就回郑州窝了一年。

李翔：现在那个团队里面还有多少人跟着你？

杜国楹：大部分人都还在。有的人没在总部上班，但是他们大都还在这个体系里。

李翔：我看报道，你是很偶然地发现电子词典这个产品的？

杜国楹：2003年春节在郑州吃饭，当时一个朋友拿了一个东西，像一个BP机（寻呼机）一样，跟我说这是一个单词记

---

① 北京CBD区域光华路上的一座写字楼。

忆机。什么是单词记忆机呢？就是把艾宾浩斯记忆法做成一个程序，然后循环播放词库。艾宾浩斯记忆法讲的是七次形成终身记忆，第一次记单词是什么时候记，间隔多长时间再记，间隔多长时间再记，只要记七次，就能形成终身记忆。我觉得挺有意思。但是我觉得这里面有一个大的问题，正上语文课呢，提醒你这个时候要记单词了，这哪行呢？记不了，这个场景不对。

但是这个事启发了我，我就顺着这个思路去找这类产品，发现市面上能找到的几乎都是电子词典，以查单词为主，但是没有一个比较科学的记忆法，查单词的目的是为了记忆，把单词记住才能真正帮助孩子学好英语。我们就想做这个产品。好记星一上来想做的就是学习机，不是电子词典。

李翔：这个过程中间你是始终在找类似的可以去做的产品吗？

杜国楹：这个事启发我之后，我就觉得要做这个产品，就没停了，大概到5月28日在济南上市。用了大概4、5个月的时间，把那个产品筹备好。当时是贴牌的，自己建不了工厂，也搞不了研发，就找了中山一个工厂做模具和硬件，把专业的单词记忆方法加进去，做出了第一代产品。

李翔：我的意思是你在郑州那一年还钱，是全靠背背佳，还是当时也一直想要找另外一个产品?

杜国楹:同时还在做医疗器械代理,不能打广告,就慢慢卖,带着队伍做会销①。但是我一直不喜欢这个模式,实际上是一个合伙人带着在做,在还账。我一直在寻找东山再起的机会。单词记忆机这个事儿启发我,我就盯着这个事儿一直没有停,一直把它做出来。

李翔:背背佳应该可以把钱还上吧?

杜国楹:那个时候应该是低谷,我们广告什么的都投不动了,也没钱了,业务正循环被打断了。

李翔:过程中间没有试图找过投资什么的?

杜国楹:没有,那个时候对投资完全没理解。当时也都是做互联网什么的才有投资。

李翔:你在做电子词典之前没有做过消费电子,是吧?

杜国楹:没有,背背佳跟这个完全不沾边。我还记得我在郑州图书大厦买过电子词典,鼓捣一夜,把功能全部试完,拿螺丝刀把机器拆开,看看里面什么东西。虽然不懂,但是我觉得好像也没那么复杂。

李翔:那你团队里面有人懂这个吗?

---

① 一种产品销售模式,指通过产品说明会和现场提供服务的方式来销售产品,医疗保健行业常会使用。

杜国楹：没有，一个懂技术的也没有。后来开始到中山找代工厂，开始对技术有一些了解。做起来之后我就把行业内最好的公司收了，就有了懂行的团队。

李翔：就是名人？

杜国楹：对，名人词典。

李翔：你是拿到这个产品，有了改进产品的创意，认为市场有这个需求，然后再去找代工厂？

杜国楹：对，我觉得产品应该这样做。我就找到工厂，用工厂的团队把这个功能这么设计出来，前前后后准备就花了40多万块钱，包括第一期的广告。有想法，找代工厂，做起来，起来之后收购公司做研发，是这个逻辑。

李翔：当时你和橡果国际是怎么认识并开始有交往的？

杜国楹：跟橡果国际当时的CEO胡煜君是好朋友。橡果国际当时是国内最大的电视购物公司。我就想做产品，营销本身橡果国际是一个平台，广告、媒介、资源这些东西它都可以管，我就想踏踏实实做产品。

李翔：你的两家公司（背背佳和好记星）相当于都是卖给他们的？

杜国楹：对，打包一起卖给他们的。

李翔：跟橡果国际成立合资公司是哪一个阶段？是好记星一代产品就合资了吗？

杜国楹：二代产品了。第一代产品赚了钱把账还了。跟橡果国际合资的时候，第二代产品就上市了。当时我已经有钱有实力投入了，产品改观就很大。再后来我们收购名人公司之后，做的产品从工业设计到技术到呈现，各方面都已经引领学习机行业了。大概用了两三年的时间做到这一点。

李翔：学习机这个产品，我理解应该也是生命周期很长的，到今天步步高还在做。

杜国楹：还在做，只是形态在变。最早是词典，再后来是学习机，再后来是点读机，再后来是平板，包括今天的小天才电话手表，就是载体在发生变化。

所以我在2008年还是2009年辞职了，出来做E人E本。做E人E本的时候，我一直关注的是一个电子墨水屏，E-ink。我从2004年、2005年就盯着这个东西，我想做的不是一个pad，是个本，是个数字记事本。结果那个屏的成本就是下不来，技术也不稳定。一直到后来亚马逊的Kindle上市，2012年、2013年，成本才下来，技术才相对稳定。我当时决心要做这件事情，这是唯一一个给我自己做的产品。

李翔：就是E人E本。

杜国楹：但我高估了用户的需求。E人E本是最不客观的一次，就是我觉得所有人的需求都像我一样。我一周可以用掉一个本子，你的笔记用的量肯定也大，但我们这种都不是正常需求。商务上有很多人就是工作记录一天一页，一个本用一年。所以事实上记事本的需求没有那么强。而且我上市的时候还赶上 iPad 出来。我是有嘴说不清。因为最后是用 LED、液晶屏上市的，大家就觉得我们是一个国产的 pad，所以整个逻辑定位就拧巴了很久。①

李翔：当时你做好记星和背背佳，做到了什么程度，你觉得想要把橡果国际引入进来呢？

杜国楹：没有做到什么程度，就是把账还完，账还完我就觉得太牛了，我可以玩着做了。我要认真践行我这八个字：产品是道，营销是术。不是营销，是产品，好好做产品。所以营销的事情我就不想管了。橡果国际本身是渠道、是媒介，这一套东西很强大，我就可以把自己解放出来，好好去做产品了。我本身不是做技术出身，如何做好产品，那就是找好的团队。当时我已经跟周佳②他们谈过了，就想着把他们收了，带着队伍好好做产品。

---

① 墨水屏和液晶屏是两种屏幕显示技术，就用户感受而言，墨水屏的优点在于低功耗、不刺眼。理论上看电子墨水屏跟看纸张的体验是相同的；而液晶屏的优势在于可以显示更多色彩，而且因为有背光，在黑暗中也很亮。

② 名人词典原研发负责人，后任 E 人 E 本首席技术官。

李翔：你决定离开，要出来再创业的时候，是已经有这个想法要做"本"了吗？

杜国楹：对，基本上想清楚了。我任何一次出发的时候，下次要做什么基本上都想清楚了。

作为产品的好记星

李翔：今天回头看,当时好记星的阶段,重新再做的话,你会怎么做呢?

杜国楹：今天让我看,我还是会选择茶。因为电教的所有产品,本质上今天的 iPhone 和 iPad 这两部设备都是可以覆盖的。今天电教的 pad 为什么还能卖?是要解决家长们的心理顾虑,对眼睛、对玩游戏的心理顾虑。如果没有这些顾虑,电教是不存在的,iPhone 和 iPad 全搞定了——可以录音,有摄像头,可以联网,所有的内容在线,什么问题都可以解决。

李翔：好记星这个产品你自己比较得意的点是什么?

杜国楹：版权内容我们几乎是发端,大规模的正版化。应该说电教行业是我们开启了正版化的进程。还有一点就是我们当年把所有的词库、所有的单词与教材同步,这个是比较打动用户的。

李翔：与教材同步?

杜国楹：完全与教材同步。你买了这个学习机，是外研社的教材，你点外研社就可以了。人教社可以，朗文也可以，全部都同步。我们还把市面上有的各种高效记忆单词的方法全部集合起来，你搜任何一个单词，可以选择若干种方式进行记忆。

还有一点，好记星时代，是我真正重视设计的开始。早期就是一个平面设计和包装设计，到了 2004 年，好记星的第二年，开始用韩国公司做工业设计。那个公司给我服务了七年，一直到 E 人 E 本上市。整个行业品类的工业设计水平，在那个时代还是得到了很大的提高。

李翔：版权和工业设计的重要性，你当时是怎么意识到的呢？

杜国楹：如果你想做成品类的第一，客观上你不买，版权商会来打你的。小企业的时候没有人理你，做大之后大家都会找你。而且主观上，我们还是要尊重内容。

李翔：那对设计的重视呢？

杜国楹：美的方面，你搜好记星，2005 年我们做的产品，到今天看我都还觉得好看。我去日本比较多，看日本那些产品的设计，心里有梦想，就想好好做产品。内容是产品的一部分，学习方法是一部分，版权是一部分，硬件是一部分，软件

是一部分,工业设计也是重要的构成部分。这是 2004 年的产品,我们的界面。(杜展示图片出来)

李翔:这个风格确实像日本的产品设计。

杜国楹:对。这是我们的第二代产品。

李翔:你做好记星的时代,你的能力相比于你做背背佳时提升在什么地方?

杜国楹:产品。对产品的认知、产品的打磨能力,各个维度,软件、硬件、内容、工业设计,包括从前端对整个产品的定义,都有了质的飞跃。这个产品的复杂程度远远超过背背佳。

李翔:当时你对产品的重视程度提高,是因为竞争太激烈了吗?

杜国楹:不,是因为我认识到好的品牌必须有好的产品。是我的认知变了。根上是这个。你想做一个伟大的品牌,产品不牛肯定是没戏的,不用讨论。

李翔:好记星时代你已经想做一个很好的品牌了?

杜国楹:对,所以你看我们的 logo(标志)设计,那是 2003 年设计的,到今天看,18 年过去了,我还能接受。

李翔:当时你有对标的品牌吗?比较牛的。

杜国楹:当时就在看苹果了,那个时候是 iPod 的时代,苹果所有的发布会我们都会看，每一代产品的工业设计都在研究了。

李翔：今天你回头看的话，那个阶段什么事情是没有做好，或者没有做对的？

杜国楹：就是对价值观、对企业文化的理解，当时没有到这儿。朦朦胧胧有感觉，但是自己怎么做没有想清楚。而且想清楚仅仅是第一步而已，核心是要去实践。你在不同的行业，企业的不同阶段，有不同的特质。在文化导入的过程中，必须经过深入的实践，才能找到最适合你的东西。

李翔：我的理解，一个创始人愿意把控制权让出去，应该是有一个很大的诱惑才对，是吗？

杜国楹：也没有多大诱惑。因为我从破产里走出来，走了两年半，走得特别艰难，突然间这个项目起来，半年把账还了，我一下神经就松弛了。再加上认识到产品的重要性之后，我内心就有一个梦想，我要成为中国最牛的产品经理之一，至少是我那个阶段的梦想。

李翔：应该是你卖掉控股权之后，跟他们相处得还挺愉快的，所以愿意把全部的股权卖掉。

杜国楹：如果我愿意委曲求全，没有什么大的理想，我可以在那儿继续待下去。但我觉得那不是我人生需要的东西。比如我产品经理能做到70分的时候,我又会产生更大的梦想,我觉得我这一关又过了,就想做更大的事。

李翔:你的70分是什么时候达到的?

杜国楹:2008年、2009年,就是在那个品类里,在中国的本土企业里,我觉得我基本上是一个合格的产品经理了。

E人E本

李翔：做E人E本是在橡果国际就已经有这个想法了？

杜国楹：对，我辞职之前就有这个想法了。因为我一直在看那个墨水屏，觉得未来可以做这件事。这个想法很早，2004年、2005年就有了，但是墨水屏的技术不成熟，就没有动。后来动的那一天也不成熟，但就不愿意再等了。

李翔：你出来创业做E人E本，当时有缜密的考虑吗？毕竟你已经做了背背佳、好记星这样的产品出来。

杜国楹：比破产之前那几次肯定要慎重多了。产品如何做好，市场如何做小规模验证，肯定都成熟多了。首先做一个像样的产品，然后小规模测试，获得数据把整个商业的小闭环走通，然后再大规模做。

李翔：你做E人E本的时候，对这个公司的设想是什么？

杜国楹：名字都取得挺有野心的，叫E人E本[①]。做E人E

[①] 公司的名字叫壹人壹本。

本的时候中国还没有开通3G（第三代移动通信技术），也没有安卓，整个移动互联网的大幕还没有拉开。等到我们第一代产品上市之前，3G来了，安卓有了；卖了三个月，iPad发布了。整个形势在那一年里翻天覆地——就是2009年下半年到2010年上半年。早期安卓都是一些大手机厂商在做储备研发，所以我们的第一代产品是2008年在WinCE①上研发出来的。

李翔：你看到iPad发布，心里什么感受？

杜国楹：大概一个月之内我就做了决定，请冯小刚、葛优代言，赶快。因为iPad发布完，一般国内能买到就是三个月之后，到时你发声的机会都没有，整个讨论的热点全在iPad上。那个时候跟今天不同，今天发布一款新iPad都没有太多人关注了，那时候每一次苹果新品发布就跟疯了一样。乔布斯时代的iPad、iPhone前五六代产品，发布会的声响完全跟后面不一样。当时做决定就是签了冯小刚和葛优，把创意做完，赶快投放。别消费者还不知道我们呢，iPad已经来了。

李翔：当时E人E本的梦想已经破灭了吗？

杜国楹：基本上已经给我灭了一半了。

李翔：一半，那你从什么时候开始萌生退意的呢？

---

① Windows CE 的缩写，微软针对掌上电脑和移动设备的操作系统。

杜国楹：做起来，第一年、第二年基本达到预期，但是涨不动了。iPad之后，深圳那边有一堆山寨品牌，然后戴尔、联想、三星，所有的IT（信息技术）品牌都推了pad，再加上iPad，你说我站哪儿去？太难了。

李翔：就是迭代都迭不动了？

杜国楹：供应链、成本、渠道，你跟IT品牌都比不了，你是一个创业公司。

李翔：也做不出产品差异吗？

杜国楹：我做出差异了，但是真正替代本子又替代不了。因为不是墨水屏，也不够大，仅仅是一个手写签批。记事本的使用并没有达到理想状态，所以它变成了一个手写pad、商务pad。最后还是选择了同方①。

李翔：收购方对你的需求是什么？

杜国楹：因为同方当时没有移动板块，pad、手机都没有，整个大生态想把闭环闭上。也很巧，我们2011年刚起来的时候，同方的陆总②就曾经让人找过我们。因为同方的老板是我们的用户，用了我们三代产品，他觉得这个公司挺有想法，想找我们聊聊。

---

① 指杜国楹把E人E本出售给清华同方。
② 指清华同方总裁陆致诚。

李翔：E人E本这个产品今天回头看的话，你会觉得里面有哪些东西还挺不错的？

杜国楹：手写。E人E本到今天已经十年了。我觉得所有pad的手写体验都没有超越我们。我当时的目标就是把纸质书写体验完整地还原出来，还原得越真实越好。在这方面是下了大功夫的。其他的都是标准配置，70分，手写是100分的东西。

李翔：手写独特的地方是什么？

杜国楹：压感，笔和屏幕之间的摩擦力，然后笔锋所有细节的呈现，写错的时候怎么擦掉，需要识别的时候怎么做，局部识别怎么做，在网页里怎么用，在邮件里怎么用。我们把手写嵌套在所有的应用里头，全部都可以手写，这套东西我们做得是比较出色的。

李翔：这套东西的难点在什么地方？

杜国楹：难点是一些小的技术细节。比如说笔锋压感，你怎么处理得跟真实世界我们拿钢笔在纸上写的感觉无限接近，用力重一点、轻一点，那个笔锋、笔触应该是什么样，所有物理的书写体验怎么完整地模拟出来。

李翔：你回头看，会觉得这个赛道选择的时候，犯了什么错误吗？

杜国楹：我应该等墨水屏，但我等不及。我应该做我想做的"本",我不想做 pad。我对 pad 的理解跟 iPad 对移动互联网的理解完全是两个世界。我对书写有理解。互联网时代和移动互联网时代,数字化书写怎么搞定,我觉得这个事到今天看仍然有价值。

李翔:现在大部分人不手写了吧?

杜国楹:如果成本降到一定程度,一个数字化的书写设备,我觉得对很多人还是有价值的,关键是要把体验做好。

8848手机

李翔：然后你就开始做8848手机了，是吧？

杜国楹：做小罐茶。决定卖E人E本那天，头天吃完饭，我第二天人就派人上山做茶了。

茶这个事又有渊源。大概在做E人E本之前我琢磨过茶，2007年、2008年的时候我就看过这个品类，但是怎么做我不知道。因为我天天喝茶，茶连个品牌都没有，穷的时候喝200元一斤的，好的时候喝2000元一斤的，选谁也不知道，全是听人讲故事。所以我当时就琢磨过茶，但是没有下定决心。

萌生了卖E人E本这个公司的想法时，我就开始想，如果公司卖了要做什么。我思考了几个月，看了大量的东西，包括大量的行业报告，最后选择了茶。

Pad时代我是活在苹果的阴影里，苹果是科技和创新的产物，创新的背后是教育，教育的背后是人才，人才的背后是文化。我觉得中国的创新能力不是一代人的事，而且我又不是消费电子这个专业。我就想中国有什么可以拿出来向世界人民说我们是最好的，世界人民认。看了看就是茶叶，因为陶瓷、丝绸这些商业空间都小。另外,我本身也是茶的用户,离用户也不远,我的一些困惑也是我身边大多数人的困惑,所以就选择了茶。

8848手机是茶之后的事。早年收购那个公司的时候有200多人的研发团队,公司卖了之后,我是做茶了,这群同事怎么办?

李翔: 是指收了名人之后那个团队?

杜国楹: 对,那个研发团队在深圳,我总不能带着他们跟我一块做茶吧?那我走了,那帮同事怎么办?他们可以安心在国企工作吗?可能会有问题。因为同方想做的是to B(面向企业)业务,pad大量的是定制项目,而我们整个认知、理解、渠道都在to C上。

当时就想做一个手机。做什么手机?iPhone和VERTU①之间有一个空白。当时中关村在线的CEO刘小东说了一句话,对我做这个决定很有帮助。他说,我一个哥们有一天跟我说,小东,你们有好手机吗?我们家阿姨用的iPhone都比我的新。所以这个人群是有需求的。当iPhone也成为街机的时候,市场需要更好的东西。早年这些人的需求全部被三星一万多的翻盖手机满足了,但现在三星满足不了了。

---

① 奢侈手机品牌,2012年之前在诺基亚旗下,后被出售给瑞典投资公司EQT。

VERTU那个逻辑为什么有问题呢?就是科技奢侈品不能做成重奢。一部手机一万美金起,用两年,CPU(中央处理器)都快跑不动了,屏幕显示、分辨率都不行了,但是六七万、十几万人民币买的,扔了可惜,怎么办?我觉得科技奢侈品天生就必须轻奢,因为它不像包和手表,可以三年不过时。手机不是款式过时不过时的问题,是技术过时了,2G到3G,3G到4G,CPU,屏幕分辨率,安卓整个操作系统的升级速度都日新月异。当你把它做成一万美金的东西时,消费者就很纠结。所以我当时说定价一万人民币,iPhone五千,比它贵一倍,消费者第二年换的时候不纠结,这是基本的定位。

功能做什么呢?硬件做奢华,软件做安全,硬件钛合金加真皮,软件做安全,双系统。当时这个市场定位是很准的。

李翔:无论是E人E本还是8848,这个需求一直都还存在的。

杜国楹:E人E本很大程度上是我一个主观的产物,我觉得需要。8848的需求定位比E人E本要准确,包括起8848这样的名字、请王石代言,一切顺理成章,整个策略是一气呵成的。

李翔:其实到今天,几家国产品牌还是想做高端,但也不是很成功。

杜国楹：对，这个需求实际上很清晰。

李翔：从外面看，你觉得为什么就很难做起来呢？

杜国楹：我觉得他们还是不够坚定，他们应该独立品牌、独立团队，专门做这个市场。做轻奢，不要做重奢。轻奢，就是一万到两万之间，把产品做好。因为手机跟我们生活太息息相关了。

李翔：为什么没有把高端手机作为一个很长的赛道去做呢？

杜国楹：消费电子我不纠结了。

李翔：但它不是很顺利吗？

杜国楹：刚开始很顺利，但我觉得我有放在消费电子上的功夫，去做中国茶可以做得更好。同样的时间和精力，在茶上可以创造更大的价值，不管是行业价值、用户价值，还是商业价值，都不在一个量级上。我那时候走得还是比较坚决，我不会再回头了。

李翔：8848你做了多久就决定要走？

杜国楹：就做起来之后。产品是2015年上的，我2016年就走了。做起来第一年，我给它开了两场发布会，把所有的事落地、走顺，我就走了，后期我都不在。

李翔：走是在你的计划之中？

杜国楹：必须走。当时我把这个公司做成了合资公司，让管理团队持股40%，这样它就是一个跟管理团队利益相关的公司。我做了这样一个结构，才放心地离开了。我说这个公司全靠你们了，正式启动市场不错，长期利益分配机制也有，你们是股东，不至于只是在打工。

李翔：你当时确实也对手机这个产品本身没感情，是吗？

杜国楹：做8848，第一个任务是给老团队这帮兄弟有一个交代，对手机这个事我自己本身没有兴趣。茶的魅力、吸引力太大了。

创业逻辑

李翔：那个阶段你选赛道的时候，已经有方法论了吗？

杜国楹：我讲顺势而为，势是两个，一个优势，一个趋势。我所有的创业有一根线从来没有断过。创业两件事最难，第一是你得懂目标人群；第二产品能够做好，做出特色。这两件事我必须有一件有把握。

背背佳到好记星，孩子家长这个人群没变。好记星到 E 人 E 本，核心技术没变，虽然有跨度，但团队是能迁移过去的。E 人 E 本到 8848 完全没变，大屏变小屏了而已，整个技术平台几乎是一样的，就是 pad 和 phone 之间的差别。

做茶的时候，人群没变，品类变了。我要找一个熟悉的人群入手，从高端入手，就是人不变。我熟悉这个人群，但是换了一个陌生的产品。小罐茶再后面，我们所有的部署都是，茶的功底可以了，可以转换人群和场景。在一个大品类里面，解决多人群、多场景的需求，但做的都是茶，都是那片叶子。就在这个逻辑里走。所以顺什么势呢？这两个方面你必须有一个强大的优势，否则不敢做。我每次都要么是一个新人群，要么是一个新品类，两个都新，不敢轻易做。

李翔：其实E人E本、8848和茶都已经是你主动选择的结果了，可以这样讲吗？

杜国楹：是主动选择的结果。

李翔：好记星算是碰到了？

杜国楹：对，好记星是碰到了，是受了别人的启发。后面这几个基本上是主动思考的结果。

李翔：主动思考和主动选择也会有一些结果看起来不是那么完美，原因出在什么地方？

杜国楹：那个时候还是不从容，就是没有给我自己太多选择的时间。

李翔：你是说到E人E本也不从容？

杜国楹：E人E本的时候就是我有执念，对书写有执念，很大程度是主观上的判断，是我所有创业中最不客观的一次。茶是我既要看短期的战术类的能力，导入之后能不能发挥作用，还要看长期我能不能坚持，这是我没有经历过的问题。

李翔：你做E人E本的时候，最开始肯定是想长期坚持的吧？

杜国楹：一开始是想长期坚持，但是后来没有等到墨水屏，硬做的时候，就已经有一点纠结了，再加上iPad出来。

李翔：你自己没有技术背景，或者从你今天来看，不再碰消费电子是因为没有技术背景，没有这个基因，但是你却几次进入，开始也做得还不错，背后是什么原因？

杜国楹：没有技术基因就请专业人士来解决。包括做茶也一样，我找大师是因为至少不会离谱。

实际上我当时收购完那个团队之后就有了信心，我能看到基本面的问题怎么解决。除了写代码之外，其他东西我都能主导，比如说交互、界面，整个逻辑，第三方公司、我们自己的设计团队，还有我，完全能进来。只是对技术和对未来发展趋势的判断，我的敏感度没有那么高。但这个太重要了。

我做的时候叫"倒做"。我的优势可能在于识别用户，就是对需求有一个精准的判断，定义清楚产品，然后组织技术、组织供应链、组织开发，慢慢把它拱出来，是这个逻辑。

茶也一样，不是我有什么，就一定要去卖什么，我首先是看市场需求和用户的问题，把需求洞察清楚之后，再倒过来在供应链上寻找资源，匹配这个需求。

李翔：看到几个消费电子公司活下来都做得挺大的，无论是OPPO、vivo，还是小米，包括华为本来做to B的，做to C也做得很大，你会有什么感受？

杜国楹：我觉得过去我成功的第一因素也是我最大的瓶颈，就是我太从需求出发了。但是在茶里头我虽然是倒做，也慢慢地把整个供应链体系、整个产业问题识别清楚了，我是用长期主义的思维在布整个局，跟过去不一样。过去更像一个生意人的视角。但是做茶的时候，第一天我就决定不给自己留退路了，考虑长期做怎么做，不断在里面探讨。初心还是有差异。

李翔：做消费电子的时候，遇到困难就放弃抵抗。（笑）

杜国楹：但是做茶，遇到舆情、疫情，我从来没有想过撤。我就想看看自己做20年、30年会做成什么。同时在这个过程中，基于这个公司，为行业、为这个时代、为中国茶、为用户能做点什么。真正的财富是你把这个事情做好。钱肯定是事业的副产品，你做得足够好，想不赚钱都难；你越想赚钱，你就越短期主义，就越赚不到钱。过去我已经实践了若干次了。

李翔：比如说，雷军是看到了移动端的崛起，认为一定会产生非常大的公司，于是很认真地去做，结果小米做得很大；步步高是不断迭代，也迭代出了三家很不错的公司。他们做的都是你曾经做过的赛道，至少是接近，看到这个结果，你内心是什么样的想法呢？

杜国楹：我觉得我要在茶上做深刻实践，不用遗憾过去。他们成功的东西，对我来讲，能够借鉴好，在这个赛道上做深刻实践，也OK。

我也发现，每一次卖了公司，每一次走掉，到现在都有纠结，对人的纠结，老兄弟们在那儿过不好，我不能对他们长期负责任，觉得特内疚。但是对当时我做的选择，我从来没有后悔过，第一次下海不后悔，第一次创业不后悔，第二次创业卖掉不后悔，第三次卖掉不后悔，做茶不后悔。

李翔：2011年、2012年是一个大的硬件和消费电子的风口，当时有很多的创新公司和创业公司出来，你有没有推演过，如果能回到过去，在之前的基础上做，是否能做得更好？

杜国楹：我骨子里还是想做一个有灵魂的产品。做一个大路货，我是不愿意做的，虽然有规模，但是我不喜欢。我还是希望做一个有特色的产品，能够切切实实为用户解决问题，同时这个品牌还有点格调。

在中国尤其是在过去特别主流的赛道上的东西，我自己兴致没那么高。但是现在还好，因为新消费崛起，年轻人对颜值、对品牌价值观的理解越来越深，认同度越来越高，所以我觉得一定是我们发挥价值的时候来了。

我骨子里肯定有一个基于产品、基于品牌的梦想。所以我说品牌有三层，金字塔塔底是质感，你要做一个高品质的东西；往上第二层是美感，看上去赏心悦目，用起来体验很好；最上面一层是情感。大部分中国企业第二关还没有过呢，只是基于好的品质、好的性价比，做了一个大的规模，但在情感上、美感上，不能获得用户的深度认同。做这种东西我的动力不足。

选择做茶

李翔：你起心动念要做茶的时候，还有其他选择吗？

杜国楹：没有，没有纠结过其他东西。比如说手机当时貌似也是一个选择，但是我没有在手机上纠结，直接走了。不想做，留给他们做吧。

李翔：相当于从做E人E本到做小罐茶都没有第二选项，是吗？做E人E本的时候是我就要做这个，茶也是我就要做这个。

杜国楹：我没有纠结，一根筋过去了。做茶，我反复思考那句话，男怕选错行，过去我觉得努力大于选择，什么选择？不努力选什么选？但是一个男人到这个阶段的时候，要稍微退出来站高一点去审视这一切，认真做选择，我觉得也是一种智慧。

李翔：选茶用了多久？

杜国楹：过程中没有认真琢磨，但是这个事2007年、2008年的时候，还在做好记星的时候，在我脑袋里就出来了。我就觉得茶这个东西没有品牌。当时跟我管营销的副总还讨论过，还起个名字叫"沏杯茶"。发散过，但是没有进去。

又过了几年形势明朗了,茶这个东西,国盛茶兴,这个趋势肯定没错。茶,穷的时候没法喝,饭都吃不饱,越喝越饿。但是物质生活的富足,使茶这个东西走进生活的可能性变得越来越大,从健康的一面、文化的一面,都很好。中国传统文化的专家说,中国文化一体两翼,两个主要的翅膀,一个是中医,一个是茶。

李翔:无论中医还是茶,都没有做出来什么品牌化的东西。

杜国楹:对,所以中国茶在这个时代如何面对未来,我们如何重新翻译中国茶,是一个时代课题,也是一个行业课题。一味地传统肯定是不对的,一味地现代也是不对的。怎么传承、怎么创新,在不同的子赛道上,你怎么去把这个事翻译清楚,这是需要时间的,忘记文化不行,太文化也不行。

李翔:你的长期主义就是从做茶才开始有的吗?

杜国楹:坚定是在茶这件事情上。过去也想,但是遇到问题不坚定。比如说茶这个事,最开始耗了四年,花了7000多万,产品才做出来,这就是一个长期主义的表达。要不然,我投了2000万都不见冒个泡,就投不下去了。我以为一两年就解决问题了,结果投了四年。

李翔:你说产品?

杜国楹:产品,整个寻找产品解决方案的过程。接下来,产品上市之后第一段还算顺利，第二段当遭遇了舆情的时候，我内心无比地坚定，从来没有这么坚定过，有一种打死我也不会离开茶、我要继续干下去的执念。

李翔：为什么一款产品要四年才能做出来？

杜国楹：不是一款产品，小罐茶只是我们对整个中国茶理解的第一个阶段的产物而已。我是要把中国茶的"病根"理清楚，中国茶为什么没有品牌，为什么价格混乱，为什么做不出来，为什么不能走向世界，把整个逻辑翻出来搞清楚。探寻这个过程的时间比较长。当然所有的思考最后都要集结到一个产品上，怎么通过产品表达出来，这是第一个阶段。

李翔：这四年也做了其他事吗？

杜国楹：其他事都没做。

李翔：有8848啊。

杜国楹：对，前两三年还有。我是2016年之后专职过来，在这个办公室做茶这个事，全力以赴、百分之百精力进来已经六年了。

李翔：你进入茶这个领域，做茶的准备工作和之前做产品的准备工作有什么区别吗？

杜国楹：从来没有这么长过。背背佳从想做，到做出来，到产品上市,半年时间,好记星半年时间,E人E本一年半到两年,8848一年多,小罐茶用了四年。

李翔:而且那几个电子产品看上去更复杂。

杜国楹:其实中国茶更复杂。中国茶实在太复杂了,怎么化繁为简?看上去简单,做出来大家都看到,原来这也是一个解决方案,那没做出来的时候呢?就没有人这么解决问题。不容易。外界人不尊重茶行业的基本规律,内行人从老路径又走不出来。

李翔:你算是外行人来做吗?

杜国楹:我肯定是外行人,但是我有用户思维。我本身是消费者,这决定了我必须审视消费者,审视需求,洞察问题。但是九年下来,我对叶子的科学又基本上了如指掌。我要把所有的情况搞清楚。我在这片叶子上不能犯大错误。

李翔:同样是做产品,这个产品准备的过程有区别吗?还是其实并没有,只是逻辑更复杂,但也是按照你的倒做逻辑,流程是一样的?

杜国楹:基本一样。但是策略形成的过程是比较艰难的。整个小罐茶在制定策略上花的时间很长。另外在前期设计上也花时间。我们不知道该做一个怎样的产品,不停地设计,不停地试,不停地寻找可能性。不像8848,上来就知道VERTU那个路线我们做不起来,当时就是钛合金、真皮,不同于iPhone,也不同于VERTU,在它们之间,相对是清晰的。

李翔:以小罐茶为例,你开始洞察的用户需求,还是一个商务人群的用户需求吗?

杜国楹:我上来先思考的高端商务人群。但是问题几乎是一样的,你问办公室的人和他老板关于茶的困惑,都是一样的,价格混乱、不知道选什么。因为是整个行业的问题,只是在不同人群身上的表达略有差异。

李翔:所以用户需求是第一天开始就很明确的,出现问题的是在产品定义上,是吗?

杜国楹:对。比如说同样一包西湖龙井放在你跟前,这一斤300元、这一斤3000元、这一斤3万,凭什么?怎么让用户信?就是底层逻辑,到底为什么行业是这样的,我想把这个事弄清楚,这个花了比较长的时间。因为中国茶每一个产区品类不一样,原料、工艺、采摘,差异还很大,看完之后才把整个轮廓描述出来。

李翔:产品定义清楚之后……

杜国楹:产品定义清楚,痛点是什么,然后就开始让设计师、工程师、各种供应商全面介入。

李翔：这里面最难的环节是产品定义吗？

杜国楹：严格来讲是产品定义，既要考虑第一阶段对不对，有没有效率，用户买不买账，还要考虑第二阶段、长期策略会不会留下什么隐患。

李翔：你刚刚讲那句话是产品定义的题眼吗？就是苹果做茶怎么做。

杜国楹：这个语言可能更像设计师语言，对做叶子的人来讲还不完全是这样，虽然我心里是这样想。

所以为什么前三年就一条产品线，就卖金罐一个产品，没有拉开去做，也是想做极致、简单、标准化，是这个逻辑。

李翔：那这个产品定义，比如说跟做叶子的、跟大师怎么表达呢？

杜国楹：实实在在地说，大师有情怀，也想把中国茶做好，感觉遇到了我们之后，具有很大的可能性，但他们也没有把我们的逻辑理解透彻。我们的逻辑有科学的一面，也有情感的一面。情感的一面，后半辈子专注茶，对中国茶有情怀；科学的一面，就是科学的思维在茶上如何表达。传统业态里面待得过久的人，听的时候听进去八成多，回去做的时候，又会回到老方法和惯性。但我身上还有一些我过去创业的光环，过去能把东西卖好，那我的想法应该有道理，就是可信度比普通人高了一些。

李翔：那你跟这个行业里面的人去表达你的产品定义时，是怎么表达的？有特别精练的语言吗？

杜国楹：标准化。

李翔：标准化？

杜国楹：对，就是品质标准化。用户端最重要的是价格标准化。给用户一个清晰的心智认知，有一个明确的、清晰的价格标准，然后倒过来，把产品的标准形成。

李翔：2012年到2016年都做了什么准备？

杜国楹：上山、上茶山，我跑遍了中国所有名茶的核心产区。那四年，周末几乎全部在山里出差。到了一个产区之后，我跟当地的茶农、茶业局的官员、当地农大茶学的教授做沟通，了解每一个产区的情况，听完云南的听福建的，听完白茶的听红茶的，听完红茶的听乌龙茶的，信息慢慢就对称了。同样一个产区里，都是做西湖龙井的，他怎么讲，你怎么讲，讲得一致的是哪里，不一致的是哪里，谁有可能存在认知偏差，谁有可能更尊重事实，我们都在判断，然后再去找专家聊，不断地把这些复杂信息简单化，把最真实的一面挖掘出来。

李翔：这个过程里面你看到喜茶快速起来，包括后面一些新茶饮快速起来，是怎么想的？

杜国楹：真的是面对年轻的消费者，除了传统的一面之外，在创新的表达上有巨大的空间。中国茶不仅仅是那片叶子。可能原料是那片叶子，至于最后解决方案变成了什么，看得见、看不见那片叶子，变得不重要了。就像日本30年的迭代，从一个喝原叶茶的国家变成了一个喝茶饮料的国家。中国原叶茶不会像日本那样消失，因为太根深蒂固了。随着物质生活的丰裕，大家对生活中的仪式感要求越来越高，我觉得原叶茶仍然有巨大的市场。

但是我觉得不能排除其他可能性。为什么我们要去做茶饮料、茶饮店、泡茶机这些东西？是因为我觉得未来必须给年轻客户提供更多的选择、更多的可能性，不能在一条老赛道上守到老。老赛道有可能很有未来，也有可能不断地遭遇新赛道的蚕食，可能变得越来越窄。

但我第一天出发时是准备做原叶茶，不可能看见奶茶店好，就立马去做。过去五年市场证明这个赛道很大，而且未来还会继续增大。但它只是中国茶解决方案的一个方向、一个维度，不是全部。

李翔：它们对你的冲击大吗，认知上面的？

杜国楹：冲击算是比较大，至少比传统行业给我的冲击大。传统在这儿，它在那儿，是两个极端。我在中间，我要看左边，又要看右边。

我创新没有像它们一样主打那么年轻的人群，产品形态完全变成一个跟原叶茶没有关系的东西，这个机会我已经错过了，不会遗憾。但奶茶截取的主要是15~25岁，这10年的人群被它牢牢抓住，25岁后的人群实际上又离开了，可能选择咖啡，可能选择其他。这个人群的需求怎么解决，我觉得同样是一个巨大的市场。我们的茶饮店要做的是奶茶后市场。25岁之后的市场能不能创造一个新的业态出来，既不是老茶馆，又不是奶茶店。

李翔：这6个品牌的构想是什么时候开始有的？是2016年就有了吗？

杜国楹：没有。2016年的时候有一个梦想就是要做原叶。做国民级的生活茶。这个是有想法的。所以生活茶这个项目大概2017年就准备启动，2018年就成立团队开始做。年份茶2016年也有想法，"小罐老茶"这个商标我们当时就注册了，但是什么时候做不知道。茶饮料时间表也没有那么快。舆情之后，小罐茶陷入了阶段性的业绩下滑，我们觉得应该部署更多的可能性，所以从2019年开始，整个多品牌就提速了。

李翔：我有一个感觉，年轻的创业者可能因为有前人的经验积累，反而从开始创业就考虑价值观了。

杜国楹：一代比一代成熟。我们是从沙漠里走过来的，前人的肩膀都是西方人的肩膀，其实只是读读理论而已。今天既有理论，又有本土几代人的实践，整个商业土壤成熟的程度肯定是不可同日而语的。所以，他们的速度理论上来讲一定是可以更快的。

李翔：你什么时候注意到喜茶的？

杜国楹：喜茶开第一个店我没有关注。最先在上海排队的是茶香书香，是罗军老师做的店。我2013年专门去人民广场店看过，就是杯装的业态。喜茶当时还在江门。

李翔：你当时的感受是什么？

杜国楹：感觉这也是一种可能性。

李翔：但是它的人群跟你的人群不一样。

杜国楹：完全不一样，因为跟我的初衷不一样。我的初衷是从我的困惑出发的，因为我了解这个人群，我考虑的是这个人群的原叶怎么去解决。叶子我是陌生的，奶茶人群我也是陌生的，严格来讲按我创业的逻辑，我是不敢去做的。我必须保证有一个维度的东西是我熟悉的、得心应手的东西。

李翔：包括东方树叶[①]，包括元气森林最开始也做茶饮料，实践经验就是这个市场一直做不上去。

杜国楹：我觉得最后一定会起来，日本这个逻辑在中国会通的，但是还需要时间。

---

① 东方树叶是农夫山泉在2011年推出的一款瓶装茶饮产品，但在上市之后并没有成为爆款产品。

产品和产品经理

李翔：今天你对一个好产品的理解是什么？

杜国楹：首先主题定义清晰，一个好产品是要有灵魂的，它是基于对大到行业、小到品类、再小到用户的使用场景的清晰的洞察。你对你要解决什么问题、用户的审美偏好、用户的使用场景和使用体验得有一个系统的解决方案，背后一定是有清晰的对整个系统的思考，而不是一个简单的物理上的产品。

李翔：你最近几年看到哪些产品是符合你这个定义的？

杜国楹：iPhone。

李翔：iPhone可以套用你的产品倒做的逻辑吗？

杜国楹：肯定也有倒做的成分。它不是基于技术催生出来的，是基于乔布斯对整个手机品类的洞察，也是基于他想做一个什么样的东西，然后整合相对成熟的技术把它做出来的。

Lamy（凌美）的笔还挺打动我的，这个品牌我至少买了几十支不同的签字笔、圆珠笔、钢笔，用的时间比较久，体验特别好。

李翔：有国内的品牌吗？

杜国楹：内外还不错，一个内衣品牌。穿了内外之后，我发现体验还不错，性价比也还好，设计也不错。但是有一点很烦，我就喜欢一款果绿色，就想要那一款，可必须一包几个颜色搭着买，单款颜色不行。

李翔：你是怎么知道这些品牌的？

杜国楹：有些是看了文章介绍，然后就开始研究。有些是自己的体验。

李翔：你的衣服你自己买吗？

杜国楹：我自己买。看到什么新鲜玩意儿我都有意愿尝试。

餐饮像海底捞，整个的体验——产品体验、服务体验、场景体验，在那个价格带上确实不错。这两三年我注意节食，晚上不敢出去胡吃海喝，原来经常半夜去吃。

包括这几年我用的一些传统的紫砂壶，传统经典器型，用顺手之后特别舒服。我以前从来不用，五年前开始用了之后就发现，传统有传统的魅力在，传承下来有它的道理。

李翔：你有推崇的产品经理吗？

杜国楹：互联网公司有很多优秀的产品经理，最让我景仰的肯定还是乔布斯。人生唯一的偶像，十五年来没变过。

直觉是日积月累的科学

李翔：你怎么理解乔布斯讲的那句话，"从来不做市场调查"？

杜国楹：直觉。直觉是日积月累的科学。因为我们在生活中本身就是一个有心人，对于用户的审美、用户的需求，都是日常有关注的，都在观察，所以直觉准确度比较高。

直觉不是没有任何准备，今天在火星上让我依靠直觉判断，我判断得了吗？没有任何常识性的东西，我判断不了。你在这个行业、这个品类里，对技术、对行业、对用户、对各种使用场景、对用户背后心理一直观察，在日常生活中完成积累，直觉才会有价值。

我早年做好记星的时候，我们做市场的同事搞用户调研，一年搞几十场，场场我全程在，最后产品做好了吗？做出什么革命性的东西了吗？没有。

李翔：但是做产品应该还是要看重用户的需求？

杜国楹：我会去问，比如说接下来要做这个人群的生意了，不是我最熟悉的人群，生活中我的这根弦整个直接提起来。面试人的时候，来个"90后"女孩，所有的专业问题问完之后，我一定开始问："喝茶吗"，"为什么不喝"，"喝咖啡吗"，"你觉得咖啡和茶的区别是什么"，"你觉得未来你会喝茶吗"。我想做的事情，生活中所有的片段里都会渗透进去。包括吃饭的时候，坐我旁边一个不认识的人，我问他，"你喝茶吗"，然后所有的发问就开始了。日积月累形成了直觉。

如果没有任何常识，对用户没有任何的感知，没有接触过用户，对品类一无所知，你用直觉怎么判断？

还有一个判断是对人性的判断，会有一个基本的东西在。但仅仅在人性层面，你是做不来对消费场景和用户使用体验这两样东西的判断的。

所以直觉严格来讲是日积月累的科学，只是那一刻迸发出来。生活当中不做有心人，不去理解，纯靠直觉，那不存在。

李翔：你做E人E本、8848、小罐茶，做产品之前做市场调查吗？

杜国楹：从来没有请过专业的公司做调查报告。都是凭直觉，想做的时候就开始验证，逮着机会就验证。这样更真实。真的用第三方公司，一帮用户坐那里调研的时候，用户可能反而说了很多不真实的东西。

李翔：你写过BP（商业计划书）吗？

杜国楹：也算写过。因为每一次我都会把大的商业逻辑自己解读清楚，再往框架里面套。

核心用户价值主张

李翔：你尝试定义过用户价值吗？什么是用户价值？

杜国楹：我们比较愿意强调的是核心的用户价值主张。我们做茶，茶是一个成熟品类，在用户价值当中，安全问题、标准品质问题，所有这些基本面必须做好。然后再看最大的不同、最核心的价值是什么。要在保证普适价值的基础上，让核心价值得以突出，我们是这样的逻辑。

李翔：那小罐茶最核心的用户价值是什么？

杜国楹：今天市场上，小罐茶的统一标准——就是品质的统一和价格的统一，是最大的核心价值。包括它作为礼品的时候，可以形成一个价值共识。这是一个阶段性形成的最重要的东西。

但它没有把大师工艺翻译得那么具象，用户的识别比较难。背后我们做了大量的努力，如何把产品做出特色，用什么样的工艺把品质稳定下来，最终实现规模化生产，但缺乏翻译，没有翻译得通俗易懂，让用户能很口语化地讲出来，讲出来画面感很清晰,变成一个用户价值标签。这没做出来。

市场上还有一种做法是往情感向引导,往一个虚的、脱离了物质的方向引导。但是一个品牌成立的第一天,我觉得还是要实实在在地在功能上、在偏物质层面被用户认知后,再讲价值观、情感、审美这些东西。比如你说你做的是好茶,但你是不是值得信赖这事儿还没解决呢,就直接往情感向引导,可能会有问题。

李翔: E人E本的核心用户价值是什么?

杜国楹: 手写,非常清晰,只要一个核心的做成100分,其他所有的什么CPU、内存、分辨率、电池续航、信号,都八十分以上就可以。

李翔: 8848手机呢?

杜国楹: 安全加奢华。

如何学习做产品

李翔：你是怎么去学习成为一个好的产品经理的？比如说营销你可以看《定位》和科特勒。

杜国楹：也看书，看一些产品经理写的书，但没有给我系统的认知。营销是有理论的，清清楚楚，比如讲用户心智的。有管理学大师、营销学大师，但是没有产品学大师。商业世界，家家户户都在做产品，不管是物理产品还是互联网产品，但为什么没有产品这个学科？产品是超越技术去寻找共同的、普适的东西。我觉得应该要总结和抽象出来一套清晰的东西，但是没有。全世界顶级的产品经理乔布斯，也没有总结出来一二三怎么做产品。

李翔：对，那你是怎么学习的呢？

杜国楹：就是练、总结。

李翔：靠做产品来学习？

杜国楹：对，就是不停地参与所有的细节。

两个层面吧，第一个层面是定位要清楚，第二个层面是物质层面你的品质要怎么保障，包括产品呈现给用户的时候，视觉的、触觉的所有这些体验怎么保障。

品类不同、行业不同、竞争不同，大家的套路可能还是略微有差异，但是共同的东西一定是清晰的。我觉得是可以抽离出来的。

李翔：这跟互联网做产品其实是一样的。

杜国楹：尤其是一个创业公司，肯定不能用目前市面上主流的解决问题方案去解决，一定要用自己独特的东西，而且是真解决问题，不是假解决问题。

如果从差异化这个视角看，8848手机和小罐茶都是差异化的产物，跟别人都不一样。长得都不一样。这个长相背后都是因为洞察到了问题。所以早年说小罐是形，标准化是神。你看到的是一只罐子，背后是我们整个对标准化的思考。为什么统一价格？前端怎么做？工厂端怎么做？农田里头采摘这端怎么做？是一套标准化思维的产物，最后装到了一个小罐里。

产品和品牌

李翔：你觉得产品跟品牌的关系是什么？

杜国楹：产品是品牌的载体，产品不行，品牌也不复存在。产品解决的是物质和审美，就是质感和美感。质感是靠产品解决，美感大部分是靠产品解决，情感只能解决一点点。

品牌要解决情感问题。因为产品是物质的不会说话，情感表达不出来，可能通过设计和长相能看到一些，但不是全部。所以在质感、美感、情感这三层里头，产品100%地承担了质感，50%承担了美感，10%承担了情感，其他需要用不断的内容输出去解决。

李翔：你试着定义过品牌吗？

杜国楹：就是三感，先把质感做好，美感尽可能做好，然后通过内容和其他努力，把情感增大。

李翔：从产品到品牌需要经历多少个步骤？

杜国楹：从产品到品牌，就是三层，质感、美感、情感。质感是品质端你如何解决，做一个扎扎实实的好东西；然后是美感，用户体验的部分、审美的部分都放在这里头；情感就是从第一个品牌故事开始，如何持续地输出内容，让用户了解在这个物质产品背后你们的思考、你们的价值观，获得用户更高级的心理认同。

李翔：后面的这些思考和价值观，是通过广告的形式跟用户沟通吗？

杜国楹：广告、公关，所有品牌向外输出的东西，都是重要的内容。

李翔：比如说我们看到的这么多产品，中国公司做的这么多产品里面，有哪些已经是品牌了？

杜国楹：农夫山泉算是一个品牌，"我们不生产水，我们只是大自然的搬运工"，寻找水源地，输出的不再是简单讲产品怎么好，背后还有价值观的表达。还有华为这家公司，背后强大的技术研发能力给品牌也做了很多加持。当然还有茅台。

李翔：有人认为，如果你是一个品牌，那么你就有定价权，按照这个道理茅台就是。

杜国楹：茅台算。茅台是一个特定历史时期在一个特定国度里极其特殊的产物，它的可复制性不强。

再比如像海底捞不单是火锅，背后还有一些非物质的关键词，比如服务。

可持续

李翔：你之前讲，一直想做一个品牌，可能差了一口气，那到现在，你觉得差在什么地方呢？

杜国楹：肯定还是可持续性。做消费电子，可持续性肯定是挑战。现在我觉得茶这个载体肯定是OK的，做不好是你的功力问题和认知问题。过去在传统产业里面说要死了，死着死着五年过去了，但是在互联网和硬件行业里，因为技术的迭代，说没就没了，比如摩托罗拉、诺基亚。跟品类也相关。

李翔：其实消费电子是有品牌的。反而茶是一个很古老的行业，但是那么多人那么多年做下来却没有品牌。

杜国楹：立顿①有品牌，有标准化有性价比地做了一个品牌。你要说品牌多高级倒没有，但在全球它是一个品牌。

李翔：但原叶茶是没有的。

杜国楹：没有，要说真正的消费品牌，今天这些都不算。

---

① 英国著名茶叶品牌，以茶包为主要产品。

李翔：从更大范围看，其实整个农业或者生鲜都是没有品牌的。

杜国楹：农产品的品牌化问题，我觉得跟农产品从业者的特质有关，品牌对他们来讲是全新的能力，很难，对品牌端的逻辑和规律认知可能都还有问题。

还有就是，品牌化跟加工深度相关，卖猪肉难有品牌，卖火腿肠就必须有品牌了。卖瓜果很难，但是你把它做成冻干就必须按品牌的路子走。深加工之后做成快消，就必须走向品牌化的道路。

它跟原料端从业人员的特质，跟行业、品类都有关系。

李翔：在产品跟品牌方面，谁对你的启发比较大？

杜国楹：产品方面启发最大的、我看得最多的还是乔布斯。那个年代我把他的每一场发布会都看了，包括他的传记，跟乔布斯一起工作过的那些人写的书都看了。

品牌方面的话，定位其实只是品牌的一个维度，不是品牌的全部。所以我倒觉得品牌要讲究质感、美感、情感，我自己认为是一个新的理解。

中间也受过乔布斯的启发，他讲营销的终极是价值观，早年听起来有点一头雾水。包括站在人文和科技的十字路口，十年前听的时候都是似懂非懂。今天看应该是这样的，品牌实际上是关乎价值观的事情，最后用户接受的是你的价值观，无论是情感也好、审美也好,决定性的因素还是价值观。

李翔: 很多人讲价值观,感觉更多还是对内的,不是对用户的。

杜国楹: 是这个问题。

多品牌和单一品牌

李翔：一个品牌可以同时是高线产品和低线产品吗？

杜国楹：我觉得难，要么做高，要么做中，要么做低。如果高中低三层都做的话，从底层往上够可以，但够到最上面我觉得过不去，因为用户差异还是太大。物质之后，精神上的需求点会差异比较大。

李翔：你们算是分成不同品牌来做的？

杜国楹：我们算是准备了三个品牌，特别低的一层现在不准备做了，因为那可能是产区茶农做的事情，短期农产品的属性改不了，几十块一斤的茶，产区直接交易，没有中间成本。如果经历了品牌、渠道和工业化，整个成本可能下不来，我们就放弃了。也可能我们把品牌做好、把规模化生产问题彻底解决之后，会对这一层市场有新的认识，不排除未来有可能做，但是现在肯定不敢往那儿去。

李翔：但是可以做瓶装饮料。

杜国楹：可以做，因为瓶装饮料是深加工产品，完全避开了对产地的依赖。虽然也涉及原料，但是消费领域的原叶的标准，到饮料里就失效了。

李翔：你有没有考虑过，做原叶面对的竞争对手相对还比较弱，但是做瓶装，包括做线下茶饮店，面对的都是新的挺强的对手，竞争会更激烈？

杜国楹：这个就要做差异化经营。今天要做东方树叶那样的饮料我绝对不行。他都不行你凭什么行？我们上来先做特色，快速在品类上、渠道上把基础建立起来，然后再向更大的品类进军。

李翔：差异化这个东西不是很容易被巨头覆盖吗？

杜国楹：第一可能我这个品牌出生就是做这个的，而这个事并不一定适合康师傅、统一的气质。第二你出身越不好，大家越不把你当回事儿，觉得你不是主力玩家，有可能它们真正反应过来、重视起来的时候，我们第一个阶段已经走过去了。

利用好产品差异化，通过更高的营销效率，解决产品快速铺货问题，一旦渠道基础建立起来，就具备了跟巨头对抗的能力。

团队

李翔：你现在做茶的团队跟之前做消费电子的团队变化有多大？

杜国楹：做茶我们有100多位茶学专业的，跟过去硬件时代的硬件工程师、软件工程师完全不一样。整个人才全变了，完全不是一个专业方向的。

李翔：你有做茶这个念头之后，都从什么地方找团队呢？

杜国楹：校招，以及行业内好企业的人，食品企业、快消企业，也有一些消费电子企业，这是产品端的。在茶叶方向，从产品上市就开始做校招，这百来号人攒了6年。市场端的人就比较灵活了。

李翔：产品团队从什么公司来呢？

杜国楹：快消的偏多。

李翔：类似于统一这样的公司？

杜国楹：雀巢、可口可乐、统一、宝洁、蒙牛、伊利。北京比较多的来自蒙牛、伊利、雀巢这3家。

李翔：做这种饮品的快消和以前做电子产品的快消，产品上面要求的区别是什么？

杜国楹：最大的区别，首先是我们对安全有敬畏之心，对农药残留超标绝对零容忍，一片叶子都不能过，这是做食品企业基本的底线，必须守好。

李翔：这是比较容易做到的吗？

杜国楹：难。农残的问题和整体种植环境密切相关，单靠企业一家解决不了根本问题。我们现在已经开始在一些核心品类的原产地建生态示范茶园，企业输出标准，带动周边农户按照我们的标准去种植，但这个工作不是立竿见影的，上游整合的难度是最大的。为了做到零容忍，产品部门是制定了严格的品控标准的，别人检测一次，我们就要检测三次，叶子摘下来要检，初加工完了检，出厂前还要检。每年春茶，整个行业都在抢鲜，可销售旺季我们年年赶不上，但你能不等检测结果直接开卖吗？肯定不能。

李翔：小罐茶的核心团队是跟你时间很长的吗？

杜国楹：这两年开始有新的进来。核心管理团队有进来一两年的，但大部分人五年以上，像搞设计的高管都是从筹备期就来了，2014年到现在，也有六七年了。

李翔：这个团队培养出来的核心能力是什么？

杜国楹：每个人在自己的方向上，做设计做销售做市场做产品，首先要足够专业，然后横向的协同能力和纵向的管理能力都要足够好，包括对这个事业大家有共同的使命感。

李翔：比如说像元气森林，他们的很多产品经理，包括产品线的负责人，之前不是这个行业的，而是做投资或者做互联网的，因为这个就有一些不同的思维和打法进来。你们这边的特点是什么？

杜国楹：我不是做传统茶的，进来的时候我是产品经理，几乎是我在推动。但是今天这个局面，多品牌之后，我的角色就开始往后退，推团队上来。我把握关键的节点，细节他们做。这时候做产品经理角色的有工业设计师出身的，有做食品饮料的出身的，比如过去做奶粉的。整个团队的人员就多元化起来了。

壁垒是标准化建设

李翔：这个公司到现在为止，你觉得已经形成了一些能够成为壁垒或者护城河的东西吗？

杜国楹：我觉得还是有一些的。第一是在茶叶的标准化建设上，整个标准的执行、标准化的组织体系、标准化的设备改造，肯定有一定的壁垒。这一点说起来容易，真做到还是比较难的。第二是在对行业的使命感上，我觉得可能比我们强烈的也不多，甚至在我们眼里没有。

李翔：标准化难在什么地方？

杜国楹：首先是认知标准化对这个企业有多重要，对你做品牌有多重要，对这个行业有多重要，只有认知到了才会这么做。其次你认为重要，那你要用什么样的组织体系、什么样的设备、什么样的工具来保障。

李翔：像统一、农夫山泉这样的企业，是不是天生就有标准化的意识和能力？如果他们进来呢？

杜国楹：他们要重新消化行业知识，比如做龙井可以，但是全品类怎么做标准化？这个行业知识很难消化。中国茶产地不同，品类不同，整个标准化体系如何去做？不同品类之间的共性是什么，不同是什么？要把这些东西消化完毕再进行梳理。看着简单，但是为什么我们消化了4年，而且这9年里头一直没有停，认知还是在不断地深化？听我讲一遍可能很简单，但是变成你自己的认知是需要过程的。

李翔：钱和资源能加速这个过程吗？

杜国楹：你聪明你行动力强，那我用4年你用2年。否则我觉得你拿100亿过来一样没有用。做水，有的公司有的是钱，砸出来了吗？

李翔：也有可能是人家看这个行业的时候，发现头部才做20亿，不值得拿钱来投。（笑）

杜国楹：小罐茶的示范效应没有那么好，是因为到20个亿时遇到了一次瓶颈。如果势如破竹，今天这个行业的局面不会是这样，一定是资本推动新的力量进来。

疫情和互联网的影响

李翔：疫情对你的销售影响也是很大的吗？

杜国楹：上半年影响比较大，下半年是增长的。

李翔：影响主要是线下的部分？

杜国楹：对，我们线上去年是增长的，线下店影响比较大。

李翔：如果恢复到跟高峰期的销售持平，可以说舆情的影响过去了吗？

杜国楹：基本过去了，看你怎么判断，但是认知影响已经形成了，没怎么解决。

李翔：互联网对你过去的无论是做营销还是做产品的理念，会有冲击吗？

杜国楹：我觉得本质没有，内容是1，媒介是0，产品是1，营销是0，大逻辑没有变。表现形式发生了翻天覆地的变化，包括你做产品整个的迭代方式，包括内容，包括传播，但是根没变，最底层的逻辑没变。所以我们既要拥抱变化，也要把握不变，传统行业的人面对互联网，不用太惶恐。

李翔：内容是 1，媒介是 0，这句话没有变，但是内容和媒介都变了。

杜国楹：对，翻天覆地的变化。产品是 1，营销是 0，产品也变了，渠道也变了，但是这两者之间的关系没变。你不要急着搞媒介，内容不好，媒介是没有用的；你想做品牌，产品不行，营销也是没有用的；拉长 30 年看，价值观不行，品牌好不了。这个逻辑先牢牢把握住，认知上不能出问题，然后在战术上做好你应该做好的事。

李翔：我开始听到要以用户为中心、产品很重要，都是做互联网的人讲的，以前的做消费品的人产品做得怎么样，也很难讲。

杜国楹：20 世纪 90 年代都是渠道为王，谁能把货铺好、广告打好，就是最好的。娃哈哈是那个时代的代表。但市场转型的时候它又成了最慢的。产品、年轻人、互联网、沟通语言都变了。每个巨头都是它那个时代最大的受益者，也是最后一个从那个时代里面走出来的，是这个规律。

消费从有到好

李翔：从你的角度来看，消费这几年这么热，背后有什么东西在变化？

杜国楹：根本上面临大的迭代和升级。前40年我们是从无到有的时代，后面一定是从有到好的时代。从物质短缺，没吃没喝，到好像什么都有，再从什么都有向什么都好进化。第一个阶段解决了从无到有的问题，第二个阶段要从有到好，对品牌、对品质提出了更高的要求，太多的传统行业品类都面临着升级，相当多的东西都值得重做，都需要重做。

李翔：有一些会通过老巨头的迭代完成。

杜国楹：对，老巨头的迭代。但本质上来讲迭代会慢，革自己的命最难。所以我觉得会有大量的新生企业颠覆传统、蚕食传统。

李翔：包括我们刚刚讲的元气森林的例子，本来这个行业已经很多年没什么变化了，突然这两年感觉到了压力。

杜国楹：对，水和饮料的逻辑确实需要迭代，太老了。

李翔：你做消费品有对标的公司吗？

杜国楹：每个品牌有对标的。比如生活茶对标立顿，新时代的立顿；小罐茶要做"茶叶苹果"，不是"茶叶茅台"，茅台还有年份属性；茶饮机对标 Nespresso 胶囊咖啡机；茶饮店对标星巴克；茶饮料最终可能要对标的是日本的伊藤园①。

每个品牌有清晰的参照物，整个公司没有，但这个公司肯定最后也是很独特的公司。全世界没有这样的公司，围绕一片叶子，业态跨度这么大。

李翔：跨度这么大，现在你们面对的主要矛盾是什么？

杜国楹：在单品牌的纵深和多品牌的发展之间如何把握好平衡。不可能说 A 不好指望 B，B 不好指望 C。A 要找 A 的问题，B 好不好跟 A 没有关系，就是各自做好自己的事情。只有这样，多品牌发展出来之后才能成为一个有机的整体。这就需要在纵向的问题解决和横向的新的突破之间，公司的资源、人力和资金的投入平衡好。

李翔：所以还是一个组织成长的问题。

杜国楹：是。做饮料要在这个体系内长出新能力，所以不能操之过急，这是一个能力培养的过程。在原叶这条赛道上，我们整个能力的优势相对好一些，但是到了快消和服务上，我

---

① 日本茶饮品牌，以无糖茶饮料为代表产品。

们面临全新的挑战。除了基于对需求的理解做定位和产品打磨这些原来的优势外,其他方面都发生了很大的变化。

李翔:我感觉到今天为止,你做的所有的事情都在你的舒适区之内吧?都是你之前在某种程度上做过的?

杜国楹:每次创业我都有一次不舒适。每一个品牌,在人群和品类上,我一定有一个新东西进来,那个新东西每次都是挑战。比如说饮料,虽然我对这片叶子熟悉,但是要对饮料和水有理解,要把快消渠道建设起来,不是我的舒适区。

李翔:你做E人E本、小罐茶渠道,没有那么大挑战吧?

杜国楹:对,可以这么讲。

李翔:你在营销上也没有那么大的挑战,还是之前的方法论?

杜国楹:对。但像今天的传播,快消品牌传播的主战场在哪里?可能在分众,可能在抖音,都是挑战。但是内容和媒介的逻辑没有变,我坚信在这个原理的指引下一定会迭代出来,只是需要时间。

李翔:之前你也没有管理过拥有这么多品牌的公司。

杜国楹:对。我倒是对新东西不排斥,我是勇于面对挑战的。所以在组织上,我跟我们副总裁曹卫之间,他的运营思维比较强，我的创新意愿比较强，能力和认知还是有互补的。上游六七家工厂，这边六七个品牌，想把效率保持住，人员的状态保持住，是有挑战的，日常管理中有很多的事情要解决。

李翔：对很多人而言，最简单的方式就是找到一个对标，看对方怎么做的，能不能学习一下，因为很多挑战也不是完全新鲜的挑战。

杜国楹：我最终还是希望通过能力的互补、天赋的互补来解决。可能你的天赋做这样的事情更合适，我也不能无限制地挑战我的短板，还是要发挥自己的优势。我和纵向垂直项目的负责人之间，能力的互补性要好。

李翔：你今天定义的你的短板是什么？

杜国楹：对管理的兴致没有那么高。但是我在全力改变。对企业文化的挖掘，就是我们管理的第一步。深层次地把整个组织的基因找到，然后确定怎么样去践行它，而不是一堆简单管理制度的累加。

至于做多品牌时组织方面的挑战，我们也在找咨询公司进场专门做组织架构的咨询：哪些后台可以共享？能够共享到什么程度？到什么时候哪些项目必须独立出去？也包括要不要独立，需要独立的时候怎么做准备？不需要独立，在一个平台上如何保证效率？该共享的资源要共享，因为可以提高资源的效率,同时又要保证每个项目面对市场的灵活性,这些都是新课题。好在所有的快消品巨头都走过多品牌路径,从最早的雀巢、宝洁,到今天本土的蒙牛、伊利。但是每家也还不一样。

第二次访谈

第二次访谈于 2021 年 10 月在北京进行。

我们的第二次访谈约在第一次访谈结束近一个月后,刚好是在国庆假期第一天。因为不是工作日,他可以在下午就开始谈话。

他和他的两位同事梅江和黄滢在办公室等我。我一走进办公室,他就拿起一本《详谈》,说要给我提一个产品上的建议:《详谈》的开本可以做得更宽一些,这样就可以方便地卷起来读,也能做一点留白,方便做笔记。

我理解,这是他表达热情的方式,同时也可以是一种思维练习,也就是当你看到和使用一件产品时,你就开始思考该怎么去改进它。就像在访谈中,他开始讲怎么能改进萝卜干这种咸菜,然后做出一个品牌。

我们第二次谈话的思路和框架如下:

开始时我们会试图探讨他的经验的瓶颈。我之前开玩笑说,他其实一直处在自己的舒适区内。这个舒适区,指的是他所具备的快速完成从0到1的能力和经验。

接下来,是这次访谈的主要目的,也就是通过一步一步拆解小罐茶来看他的理论和方法论。从第一步如何选择赛道开始，到做的过程中，如何根据实际情况去做调整——对于他而言是从做有机茶的思路到大师工艺的思路；如何通过产品的设计去做差异化，包括他对设计的感觉是如何不断变化的；如何打磨广告的内容并且做测试；如何选择代言人和投放的媒介；如何去做渠道的测试和建设；怎么考虑建立自己的供应链护城河；过程中遇到了怎样的挫败、如何应对——无论是否成功；如何去思考多品牌；等等。

放到具体的实际操作中，你会对他关于创业、产品和营销的理论有更直接的体感。

产品倒做

李翔： 你在连续创业的过程中，至少第一步产品都是很成功的，有套路和模式吗？

杜国楹： 本质上就是倒做。我做消费电子不是技术出身，做茶也不是专业出身，我本质上是从需求出发的人。倒做就是一切从需求、从场景出发，把需求洞察清楚，把问题判断清楚，然后寻找并提出新的解决方案。解决方案想清楚，再开始整个产品的设计、供应链的整合、生产的组织。整个是倒着来的。

我们准备做老茶、年份茶也是一样，首先是判断需求，不是因为我们能做叶子了就去做这个事情，看不清需求就没法做。

过去没总结过，是老牛①找我到黑马开课，当时我大概备了两个晚上课。我过去没审视过，事实上已经形成了思维定式，已经是惯性了，都是这么做的。手感、体感都在那儿，就

---

① 指创业黑马创始人牛文文。

是没总结过。后来总结叫"倒做"，就是从需求出发，然后一路下来是这样的过程。

李翔：起点是大概已经知道要做什么，然后再去找用户需求。

杜国楹：对，确定要做茶，这个行业就是这样，开始倒做。纵然我们在供应链有些储备，也不是说有什么产品就卖给什么用户，而是先思考今天整个行业什么问题没有解决好，用户的困惑或痛点在哪里。纵然今天我们在茶品类上有了一定积累，我们整个作业的逻辑并没有发生改变。

你还问过我一个问题，用这个方法推演其他产品，倒做能做出来吗。今天我刷抖音的时候，刷到一个卖萝卜条的，我就觉得辣椒酱出一个老干妈，榨菜有涪陵榨菜，为什么萝卜条、萝卜干不能出一个品牌？萝卜干的适用场景太多了，中午盒饭可以吃辣椒酱，好的萝卜干来一小份也可以下饭。萝卜干可以有各种口味的，做成小份，几个口感，都尝一遍，喜欢哪个再买大份，跟做茶的逻辑一样。我觉得这个有机会也能做个品牌。

李翔：可能萝卜干做差异化难度比较大。

杜国楹：肯定能做出来，把市面上所有的配方研究清楚，哪个产地、什么样的品种做萝卜干最有优势，这里头一定有学问的。把不同地区、不同口感、不同工艺、不同做法的市面上所有萝卜干全部检索一遍，区域特色是什么，全国共同的特色是什么，可以重新研发。然后在面向用户的时候，场景在哪里，是喝粥还是拌饭还是什么，包装做成小的品鉴装，小的先进来，最后做大包装的，我觉得逻辑是通的。

本质上这个东西认知大于事实。虽然这么说，但肯定要拿事实重新建立认知。这个萝卜干为什么好？我的萝卜为什么好？我的腌制工艺为什么好？我的包装形态为什么好？为什么适合你不同的场景？几个维度一定能把差异化讲清楚。

李翔：倒做的这套逻辑是什么时候成型的？

杜国楹：第一次创业做背背佳就是这样，肯定是先判断需求，后面更是这样了，已经成了惯性，只是没去总结。可能跟我本身的经历有关，我不是技术出身，做什么东西不可能有专家思维，更多的是用户思维。然后我这么思考一次、做对一次之后，是有正激励的，市场给我的奖赏很好，再来一次又很好，那我就成了惯性。应该是这样的逻辑。

李翔：你会有意识地拿这个方法论教别人做，或者自己做，然后得到验证吗？

杜国楹：我教别人做可能是有意识的，我自己做是像习惯和本能一样。我肯定去想今天整个品类、整个行业，用户的需求为什么没有被解决？凭什么没有解决？是能力问题、认知问题还是什么问题？我们凭什么能解决？这个痛点是真痛还是假痛，是真需求还是伪需求，是个比较迫切的需求还是一般的需求？肯定要先把这个事情判断清楚，然后才能往前走。

李翔：小罐茶在筹划做的几个新的品牌，你是用倒做的逻辑去推演，还是下意识地想用不同品牌去覆盖整个行业？哪种更接近真实的思考逻辑？

杜国楹：一个3000多亿元的品类，老百姓喝茶没有第一品牌，送礼没有第一品牌，老茶没有第一品牌，我觉得这些机会都是通的。为什么过去这个行业没有解决好呢？用户最在乎的是什么呢？我们应该输出什么样的解决方案来解决这个问题呢？既有惯性使然，又有我们在茶行业的使命使然，两个因素的作用。

评价产品

李翔：你通过什么去衡量某个产品的好坏和可持续性？有标准或清单吗？

杜国楹：几个方面：一是用户的评价；二是三项数据，用户买不买单，买单之后评价如何，复购率如何。我觉得用户买单是最真实的证明，他们的评价我们也会看，然后复购率是最终极的数据。用户就是用购买来投票的。

买完之后回头的频率有多高，消费频度有多高，消费金额有多大，这可能是评价产品好坏最重要的，否则都是我们主观的评价。

李翔：线下的购买有很好的方法来测复购率吗？

杜国楹：有，我们线下，老客户的销售常年贡献在50%以上，复购率比线上好。线上人群偏年轻，尝试的多，偶发性多。线下是持续、连续购买比较多。

李翔：线下的复购率数据怎么来的？

杜国楹：我们有每个顾客的购买记录，有一个零售系统，哪些产品、哪些顾客的复购率有多高,数据都会有显示,还有客单价。

李翔:类似于一个会员系统?

杜国楹:对。在传播,内容是1,媒介是0。在产品,需求是1,方案是0。抓不住需求这个1,解决方案怎么迭代?

李翔:对消费品而言,绝大多数的用户需求都是有人在努力满足的吧?

杜国楹:第一,对痛点的判断大家的视角会有差异,比如他觉得在这儿痛,另一个人觉得在那儿痛,到底哪个更痛?第二,给出解决方案的能力也很重要,找到的痛点可能不是最痛的,但解决方案特别亮眼,用户觉得特别爽,也有可能成功。当然,反过来你找到最痛的点,解决方案七八十分可能也OK。痛点的选择和解决问题、提供核心价值的能力,这两个要素息息相关。

基本价值和核心价值

李翔：你怎么理解消费产品的用户价值？

杜国楹：用户价值肯定是两个，一个是基础价值，比如说喝个茶，得安全，得干净，这是基本面的东西；一个是核心价值，比如茶能不能喝得有特色，喝完之后能记住，口感、香气有特点，有高辨识度。

像我们小罐茶推这个东西是比较有挑战性的，也就是强标准。我们让你喝的每个批次，包括安全在内，标准都是一样的。我们在线上收获了5.4万条评价，用户对我们的产品稳定性评价挺高，他觉得你的茶这批和下批，不同批次喝的时候，一直挺干净、挺整齐，这背后是我们在标准化上五六年来一直的坚持。

李翔：不只是茶，对于生鲜产品而言，可视性是很重要的，苹果每个都长得差不多，确实比参差不齐的好看。

杜国楹：对，用户表达的时候肯定是用直观、非专业化的语言表达。所以我们说用户价值是两个：基本价值和核心价值。基本价值是必须做好的，核心价值是针对这个行业和品类的用户消费痛点，去提供新的解决方案。在核心价值上需要耗费大量资源。因为，行业的基本面问题，可能整个行业解决能力都差不多。但给用户提供的核心价值，要在我们的产品方案中得到充分体现。

里程碑

李翔：回到小罐茶，今天回头看，你觉得可以成为里程碑的点有哪些？

杜国楹：第一，产品上市之后到 20 亿，是个里程碑，让我们看到了市场可以被快速启动，快速验证了我们用消费品思维做茶的逻辑是对的。

李翔：消费品思维可以理解为标准化吗？

杜国楹：标准化、品牌化。我们当时讲，用工业化解决标准化问题、品牌化问题、生活方式化问题。

李翔：消费品思维本身和礼品属性矛盾吗？

杜国楹：不矛盾，我们上来不是礼品思维，是消费品思维，它意外成了礼品。礼品是果，不是因，我们出发的时候如果知道茶的礼品属性，按礼品做，就很难是今天这样。

李翔：礼品可能成了天花板。

杜国楹：对。我们是按照消费品的逻辑在做，这也是过程中我们不断调整策略的原因。第二，舆情也算一个小罐茶的里程碑，算是让我们重新审视所在行业的环境，让我们为未来可能面临更大的不确定，甚至更恶劣的环境做好准备。行业对创新的东西接受度没有那么高，那我们应该如何跟传统茶行业对话。

没有舆情，我们今天很多关于赛道的思考可能也没这么快。全产业链、多品牌，早期都提出来了，但是整个投入的速度不会这么快。舆情和疫情加快了新品牌上市的步伐。

第三个里程碑应该是黄山超级工厂启用，让传统茶行业看到中国的茶是可以工业化、标准化的，是可以做消费品的，是可以做规模的，是可以做品牌的。

李翔：之前没有想过做工厂？

杜国楹：第一天没有想。

李翔：整个行业里有建工厂的吗？

杜国楹：有，但没有达到我们目前工业化水平的完善程度。比如在云南凤庆产区，我们的工厂，工业化能力是一流的。黄山的工厂更是。

李翔：为什么别人没这么做呢？

杜国楹：茶行业最大的问题是怎么把茶卖出去。

李翔：认为是销售问题？

杜国楹：对。传统茶行业第一瓶颈是销售问题，不太认为是工业化问题，而我们上来是能快速把销售问题解决的。为什么投资工业化？因为我们想做的不是农产品的茶，不是文化的茶，是消费品的茶。

李翔：你把工厂作为里程碑的原因是什么？

杜国楹：阶段性我们的认知变成了现实。我们可以大踏步再往前迈进一步。

李翔：你讲开始对外沟通的时候，说自己是现代派的中国茶……

杜国楹：对传统不够尊重。我们说传统茶土、老气、麻烦。

李翔：当时的原因是什么，是在什么情景下去讲的？

杜国楹：当时我们觉得就是这样。

李翔：你认为是个用户痛点？

杜国楹：对。我就觉得应该把这个问题解决了，不是针对某个人，实际上当时也不是想指责行业，是想讲行业痛点。

李翔：在其他行业的人看来，这个行业其实是个蚂蚁市场，都是这么小的公司。

杜国楹：是蚂蚁市场，但是蚂蚁太多了。中国手机市场剩下四五个品牌争一万亿，茶行业下一个十年，所有泛茶产品加起来一定过万亿，原叶茶、奶茶、茶饮料、茶饮店，行业也很大，只是它的业态表达比手机丰富，分化得比较严重。

李翔：容易做差异化，但是也没有门槛。

杜国楹：4G 之前，深圳拿 50 万元就可以做手机公司。iPhone 是个手机，1000 元的山寨机也是个手机，但手机和手机有巨大不同。所以茶行业还是没有把标准建立起来，把认知标准、产品标准、工业化标准都建立起来之后，一定能有大公司出来。就跟餐饮一样，餐饮门槛低，小两口楼下盘个门面，10 万元也能开张，但你做个海底捞出来试试，对不对？我认为茶行业的问题是有办法解决的，我们第一段下去做对了一半，解决了一些问题，也验证了一些我们判断偏差的地方。

李翔：零售很快到 20 亿元，是在你们预期之中的吗？

杜国楹：预期之中。因为我们知道找到方法之后市场的爆发速度有多快，过去我们反复验证过。前 3 年是完全按照我们的预计来的。

赛道选择

李翔：你上次讲，选择做茶的时候就没有考虑过其他的赛道？

杜国楹：决定做茶那一刻，所有的都放弃了。

李翔：当时是直觉式的？

杜国楹：跟直觉有关系，跟我在重新不断地思考、对比也有关系。

李翔：你当时思考的逻辑是什么？

杜国楹：我讲顺势而为的时候，一是趋势是什么，二是自身的优势是什么。我还要评估自身。所以消费电子坚决放弃了。我也看过酒，但酒里建品牌的难度太大，比茶大多了。

李翔：看酒是在决定不做消费电子之后？

杜国楹：对，比如白酒，烟酒茶嘛。

李翔：烟是垄断的。

杜国楹：烟是垄断的，酒的品牌格局，过去30年基本稳定下来了。

李翔：为什么你不看好酒？

杜国楹：新品牌太难了。昨天晚上吃饭的时候还有人说，酱香酒有机会。我说有啥机会？茅台酒怎么做出来的？若干年的历史，今天才有非茅台不喝。你怎么做？难度太大了。

我做茶，不需要"教育"你为什么龙井是最好的，为什么普洱是最好的，我只需要告诉你，这个品牌为什么是你最好的选择。需求不需要教育。

李翔：酒的需求也不需要教育。

杜国楹：酒的需求是不需要教育，关键是低的喝二锅头，高的喝茅台，品牌认知太强了，凭什么消费你的呢？给这个理由太难了。

李翔：当时你认真考虑过酒吗，看过、分析过？

杜国楹：早年都看过，我一个朋友做白酒，我有点心动。但思来想去，觉得还是茶是最好的选择，空间大，品类大，最终一定是门槛高。它不是一个普通的消费品，有历史、有文化在，整个品牌的空间还是比较大的。今天中国不缺酒的品牌。

李翔：主要是品牌很难建立，是吗？

杜国楹：产品的差异化如何做？

李翔：酒不需要差异化吧？

杜国楹：不做差异化，我凭什么喝你，不喝茅台？

李翔：能买到，便宜。

杜国楹：社交货币追求的不是便宜，小年轻喝的、性价比高的酱香酒有机会，但酱香酒也不是年轻人最爱喝的，他们选择太多了。做酒太难。我觉得有在酒上下的功夫，去做茶肯定能把茶做好。

李翔：做酒难就难在认知很难建立。

杜国楹：过去30年，酒的认知基本上瓜分完毕，但是茶没有，这是最大的机会。

李翔：对。元气森林说他们一定要做酒，为什么呢，因为酒在消费领域市场非常大。

杜国楹：有机会。就像谁能想到有一天出了个零糖零脂零卡呢？你能提供类似这样有杀伤力的用户价值，的确有机会。反正我没想到。

李翔：总之就是产品很难差异化，品牌认知很难建立。

杜国楹：产品的差异化，品牌认知概念的差异化，所有这些东西怎么建立。因为酒的社交属性太强了，不纯粹是物质的事，认知也很重要。

李翔：茶不也有社交属性吗？

杜国楹：是啊，那就是品牌的机会。当年选定茶之后从来没动摇过，无论多大困难，我觉得总有办法解决的。

李翔：唐彬森选赛道的时候有一个很重要的原则，就是先看看这个品类有没有大公司，有大公司我才进场。

杜国楹：对。他是这个逻辑。

李翔：比如酒就有大公司，碳酸饮料也有大公司，瓶装水也有大公司。

杜国楹：破局要找到方法，产品创新、营销创新两关都要过。产品没特点过不去，营销没效率过不去。两关都要过。

用咖啡的逻辑做茶

李翔：我理解唐彬森这么选，还有一个原因，假如这个行业做这么多年都没什么大公司，那么多聪明的人都试过了，有可能它就是不行。

杜国楹：关键是，茶我们不能把视角局限在国内，国内如果茶类有茅台，我也要慎重。我们要看日本的茶、看立顿，包括看咖啡。在西方世界，饮品的逻辑是有机会做到大品牌的，只是中国人没做出来而已。这不恰恰是我们的机会吗？

李翔：是。不过其实你切入的时候也没有严格按照立顿的方式做。

杜国楹：没有，但背后是有参照的。所以你问我有没有借鉴其他产品，实际上整个视野里看咖啡比较多，多品牌布局的逻辑里也是看咖啡比较多。因为咖啡不像中国茶的逻辑，它就是消费品的逻辑，也有社交属性。我们说中国茶最好的参照不是白酒，是咖啡。

李翔：什么时候说的？

杜国楹：五六年前，终局判断写了五句话。我脑袋里思考这些事情，尤其思考多品牌的时候，想的就是咖啡。当时在PPT里写，全品类是中国茶业巨头的唯一选择，消费品思维，咖啡是最重要的参照等。要看咖啡的路子在茶里为什么行不通，怎么才行得通，茶和咖啡的差异是什么，中国和西方的差异是什么，包括业态的差异、产品创新的差异，所有这些问题问完之后，我们觉得是有机会的。

李翔：最开始只有一款小罐茶产品，已经开始借鉴咖啡了吗？

杜国楹：当时做小罐茶，品牌只有一个对标，"茶叶苹果"，标准化、高颜值，所有的设计都是这个逻辑。品类有一个对标，就是"咖啡"。

李翔：所以第一阶段参照的是苹果对产品的一种追求？

杜国楹：对，包括它的美学风格，包括产品线设计，一款产品打天下，极简的美学。

李翔：考虑商业模式的时候，你就开始对标咖啡了？我可以这么认为吗？

杜国楹：考虑整个行业的时候、考虑多品牌的时候，我们更多参照的是咖啡。小罐茶产品和品牌策略看苹果多,整个茶产业看咖啡多。包括我们当时说怎么卖小罐茶,苹果怎么卖手机我们怎么卖茶,也就是专卖店加分销。整个逻辑全是这样:极简的产品线,极简的设计风格,零售加分销,基本逻辑就是对标苹果。

李翔: 参照咖啡的时候,你是怎么思考的呢?是按照咖啡场景和每个场景里面的公司这样来看的吗?

杜国楹: 看过去一百年咖啡这个品类发展的历史。星巴克这个模式是最近几十年的事情,第一次世界大战前速溶咖啡才开始崛起。从传统的豆、粉到速溶到挂耳到手冲到星巴克到Nespresso胶囊咖啡机,所有这些逻辑演变的历史分析完之后,我觉得对茶很有参照价值。

李翔: 这两个是并行的吗?产品和品牌参照苹果,商业模式和品牌布局参照咖啡行业。

杜国楹: 但是第一阶段80%的时间是在研究产品、研究小罐茶,这个事验证完之后,整个咖啡的逻辑推到我们面前,开始更多地对标咖啡。

李翔: 咖啡里面有小罐茶这样的产品吗?

杜国楹: 不一样,Nespresso是带设备的。国内的三顿半[①]

---

① 2015年成立的国产咖啡品牌。

是在我们之后出来的。我们产品上市前没见过它。

李翔:茶已经有这么多年历史,在你拿咖啡做参照之前,为什么茶这个行业本身没有像咖啡行业那样细分、演进?按照你讲的,也有立顿这样的公司,或者伊藤园那样的茶饮料公司。

杜国楹:中国是茶叶的故乡,中国人喝茶的逻辑跟西方人、日本人喝茶的逻辑,差异还是很大。西方世界喝茶,是立顿用它的方式教育过的。日本茶饮料崛起为最大的品类是最近三十年的事情。星巴克成为咖啡第一也是最近三十年的事情。Nespresso崛起也是最近三十年的事情。

李翔:茶是文化的话,文化大概率是没有商业模式的。

杜国楹:传统茶企把门槛做得太高,因为他们太懂茶了,传统行业拿他们擅长的东西不断灌输给市场。传统茶企小日子过得撑不死、饿不着,创新的动力不足。行业的颠覆者通常是这两种角色:老的参与者没饭吃的时候,他会换套路、换打法;或者外行进来,不管三七二十一,过去是什么不重要,用户需要什么才重要,因为过去跟我没关系。

小罐是形,标准化是神

李翔:决定切入茶领域的时候,你认为你的优势是做品牌吗?

杜国楹:基于产品做品牌。工业化这套东西,借鉴食品行业肯定可以,只是品类不同而已。食品行业的工业化很成熟了,世界上有这种技术,我们去整合就行,一片叶子的加工为什么搞不定?

她(杜指着自己的同事)刚从云南凤庆回来,我们在那儿做了一家全自动化的工厂,叶子从树上下来之后送到工厂,第一道工艺先把叶子洗干净,后面全部自动化生产。一天能有两三吨的产量,两个人就够了,全是自动化。这套工业化流程做起来之后,实际上我们做生活茶的条件就越来越成熟,因为我们可以做标准化、做规模,成本也可以降下来。

李翔:基于产品做品牌,一开始进入行业的时候,你对产品本身有具象的想象吗?

杜国楹:没有。

李翔：只是自信应该可以做一个产品？

杜国楹：首先觉得这个行业没有品牌，但一定有建立品牌的机会，这是一个基本判断。为什么这么多人没有建立起品牌呢？产品解决方案有问题。用户在消费过程中有大量困惑，要想建立品牌，必须给出一个创新的解决方案。产品还是载体。所以就想，这应该是什么样的东西？我看到的消费习惯是大罐子、大袋子，客人来了抓一把，我觉得太不讲究了，也没人去洗手。也有小袋包装，出差带几包，回来的时候没喝完，挤碎了。怎么解决这个问题？所以小罐茶设计搞了两年多，是因为我们没答案，不知道要做成什么样子。

李翔：按照你讲的，当时你的切入点是创新的包装方式？

杜国楹：这个"形"要创新，解决这些现实消费中的问题，同时背后要把标准化的逻辑解决了。第一阶段我们总结，小罐是形，标准化是神，是背后的核。

李翔：这个说法是什么时候开始的？

杜国楹：产品上市第一天就总结了。小罐是标准化的载体。

李翔：标准化不是小罐出来之后再往回倒推的吗？

杜国楹：做标准化是品牌第一天就要这么做，我们觉得这是行业的症结，必须解决这个问题。

路径选择:从有机茶到大师茶

李翔:创新的产品包装方式,应该也是有很多选择的?

杜国楹:日本设计师给我们做了很多次提案,各种各样的包装方式,要么是因为成本高,要么是因为技术实现不了,各种各样的原因,一直到小罐的出现。

我再补充一下标准化的问题,2012年我们上山寻茶的时候,最开始想做的是有机茶,想用有机去做标准。基本上是这个逻辑,设计搞包装创新,上游去找有机,根本上是要做标准化。当时不知道茶行业有大师。这个事跑了快一年,我们把所有产区做有机茶的公司的茶样都拿回来检,结果总有三分之一不合格。

李翔:有机茶什么意思?

杜国楹:有机种植。就像有机蔬菜、有机牛奶。是想用有机做好茶的标准。我们当时注册了一个品牌叫"1990有机茶",为啥是1990?因为茶行业有机化种植的元年是1990年。

李翔：所以你的第一个路径是做有机茶？

杜国楹：对。结果跑不通，从上游拿的茶样一检总有不符合有机标准的。

后来，我有一次出差在武夷山，在游玉琼①游大姐家，吃完饭，看完她的有机茶，跟她聊完，我准备走的时候，看到她桌子上摆了个牌，武夷岩茶制作技艺非遗传承人。

我知道非遗，但我不知道茶有非遗。我做了快一年，正好有机这条路遇到了困惑，觉得行不通，一看茶技艺还有非遗传承人，灵机一动，觉得大师和非遗传承人是个方向。回来之后，我们就安排整个团队调整方向，放下有机，到各省文化厅的网站上，把所有名茶技艺的传承人全部找出来，一个产区、一个产区重新去拜访。用了大半年时间，跟各个品类的制茶大师沟通。大师是这么来的，不是第一天就想好的，是做的过程中意外发现的。

李翔：相当于那天之前不知道有大师。

杜国楹：不知道。我们要做全品类茶，得有一个共同的标准。除了统一用小罐装、统一价格之外，还有一个重要的东西是，我为什么好，你为什么要选择我。因为小罐？不够。我要表达我的叶子为什么好。第一次我想用有机，全是有机茶，但

---

① 武夷山市永生茶业有限公司总经理，国家级非物质文化遗产武夷岩茶（大红袍）制作技艺传承人。

行不通。第二次就全是大师非遗技艺,用这个逻辑来做。所以"小罐茶·大师作"六个字出来,用了三年半时间。出来的时候,我们觉得整个策略上石头才落地。

李翔:所以是从有机到技艺。

杜国楹:才觉得这事基本靠谱了。我直觉就特别强,感觉应该可以。

李翔:其实大部分人的认知是,我看到这个产品,有很好的包装,很精美,看到"小罐茶·大师作",但是不知道它之前有一个试错的过程。

杜国楹:"小罐茶·大师作"六个字出来,小罐设计出来之后,第一阶段没有任何广告,网上搜小罐茶是零资讯。我们就开了北京一个店、重庆一个店、济南一个店、枣庄一个店,包括了北方城市、南方城市,产茶区、非产茶区,直辖市、省会城市、地级市。

2015年10月1日,在重庆开了第一家店,我们叫盲测,用户只看产品,这个品牌的任何信息都没有。

李翔:也叫小罐茶吗?

杜国楹:就叫小罐茶,logo什么的都已经出来了,然后盲测。大概试到春节的时候,一个店已经卖到20多万元了,我们觉得这事靠谱了。盲测是没有任何广告的。我们知道如果广告再促进一下,整个效率会提高多少,这个基本经验我们有。就这么开始了,上来就很顺。

李翔:我可以理解为,开始是想用小罐的方式来做有机茶?

杜国楹:对,你可以这么认为。其实也不知道是小罐,只是做有机茶和创新的包装。搞了小一年,有机被 pass(放弃)了,意外发现了大师,然后包装创新的方向一直没改,一直向前推进。

设计

李翔：包装的设计稿定下来是什么时候？

杜国楹：应该是 2014 年年底，用了两年多。然后公司名字定下来，注册了公司。前两年半没有公司，所有筹备团队挂靠在另外一家公司。

李翔：在创新的包装方面，你当时有提什么要求或者方向吗？

杜国楹：没提什么要求，就想一个包装是一泡茶，定了这个。

李翔：就是一次性的。

杜国楹：对，一次性是定了，什么材料、什么形状没定，日本设计公司一直在创意。

李翔：开放的去想？

杜国楹：开放的。搞了快两年了，中间有一次我去他的办公室，在东京大学校园里，我们俩过完设计方案之后，从他办公室出来，到大概 100 米外抽烟的地方抽烟。神原从来没有这么做过设计，快两年了，就一个包装，就做不出我们想要的东西。

他当时说，你是不是想要一个这样的东西，就是如果苹果公司想做中国茶，它会做什么样的包装。这句话是他现场说的。我说对。

然后正好头一天我在东京六本木一个雪茄店里，看见一个铝管的包装，一次性的，很薄。这个包装启发了我，可以试试金属。之前一直不敢试金属，从来没有试过。再加上设计师讲出苹果的包装和设计是什么样，我受这几件事的启发，认为可以试试金属。他下一稿出来，就是小罐的雏形，大约改了两稿就基本定型了。是这么来的。那时候做了很多设计方案。

李翔：有没有你觉得特别好，但是可能做不了的？

杜国楹：有好的，实现不了。有一稿特别惊艳。设计师做了一个菱形的，像泡罩一样的设计。就是咱们吃药的时候那个包装，底下是硬板，上面是泡罩，鼓起来，里面是药丸。它是类似于这样的结构，做成彩色，把泡罩变大，全部做成菱形。所有人看完都觉得好看，插在一起像一朵花一样，很惊艳。然后就想怎么实现。因为没有这样的产品，我们就找做制药设备的工厂，底板怎么做，胶囊怎么凸起，色彩怎么做，搞了两三个月做不出来。因为茶的形态差异太大了，有的是颗粒，有的叶子很长。

李翔：放弃是因为实现不了？

杜国楹：对。

李翔：你会把做创新包装的需求发给设计师？

杜国楹：我发需求给他。我们告诉他中国茶都长什么样，大概想装多少茶。十大名茶里，铁观音是这样子的颗粒，龙井是这样的，不同的茶形态各异。相同的重量、相同的包装这些是锁死的，至于做成什么形状是发散的。

李翔：你会把自己对设计的需求点给他吗？

杜国楹：会给，那时候我们已经合作了3年，是从2010年E人E本开始合作的，他大概对我们的设计偏好有些了解和把握。

李翔：你有偏好的设计方向吗？比如风格。

杜国楹：有，简约偏商务，还要一点点小奢华，这个感觉是给出来的。

李翔：你自己对设计的感觉是从什么时候有的？

杜国楹：20世纪90年代，从第一次logo设计开始。做背背佳的时候，logo是天津一家设计公司给设计的，设计师是天津美院的一个教授。后来我想改logo，我觉得不好看，在改的时候，就一直不满意。后来出现了于进江[①]，我就找于进江给我

---

① 设计师，小罐茶联合创始人，跟杜国楹合作过多个产品的设计。

设计，第一稿出来就挺好。你可以搜背背佳的 logo，那都是 20 年前的了。最后一稿是 2002 年、2003 年定下来的。

李翔：也是你主导的？

杜国楹：对，我主导的，这些设计我都是深度参与的。开始是跟平面设计打交道，从早期 VI（视觉识别系统）设计、包装设计、海报设计开始，后来做好记星，遭遇最大的问题是产品的工业设计。当时工业设计国内就不行。2004 年，我让一个助理把中国所有通讯录上能找到的工业设计公司全拜访了一遍，一个一个聊，一个一个看，挑了几个大的、好的，开始给我们比稿、投标。但是还解决不好。然后我们开始世界各地去找，最后找到一家韩国公司。这家公司跟我们合作了 7 年，从 2004 年、2005 年好记星时代那些产品起就一直合作。当时在学习机行业肯定是最好的工业设计。

我觉得这也是正向激励，logo、平面，包括工业设计，你做好之后消费者会喜欢，在终端成交的时候，很明显你的产品有优势。市场给了正激励之后，我们在投入上也不断加大。我个人也开始大量摄取设计、艺术类的书和资讯，开始建立对设计的理解。整个过程 20 多年我就没停过。

严格来讲我们核心由三个部门构成，设计中心、研发供应链，还有产品中心。产品中心实际上是做整合。这三个中心都在做产品，围绕一个产品从设计的维度，从叶子的特色、品质、标准化的维度，从原料到包装整合成一个产品。

李翔：你认为设计可以成为产品的核心竞争力是在哪个时期？

杜国楹：好记星时代，2005年。收购名人之前，我们就在找韩国公司做设计了。那时候韩国公司设计一款产品大概是6万美金。后来2010年换成日本公司，日本公司的收费标准起步是25万到30万美元，直接涨到了韩国人的5倍左右。但是当时做出来水平完全不一样。韩国人的设计那个年代是比较时尚的，你可以看三星、LG的MP3和手机，做得都很时尚。日本人要冷静很多，商务范儿就出来了。

在设计上，从平面设计开始到工业设计、交互设计、空间设计，我们做了大量尝试。

李翔：这是你个人的偏好吗？

杜国楹：偏好，我对设计有追求，拿出来必须惊艳，用户要喜欢。你在行业里能独树一帜，也要用户喜欢，不能为创新而创新，也不能盲目追求形式。

李翔：这种设计有专利吗？

杜国楹：全部能申请专利，都有。

李翔：市场上很快就会有类似的东西出来，是吗？

杜国楹：有。大公司不敢和我做一模一样的小罐。但小公司随便模仿,没办法。

应该说今天的公司有强设计基因,我们对设计是有追求、有信仰的。

李翔: 你们现在设计团队有多少人?

杜国楹: 加起来有五六十人。

李翔: 分了不同的产品线?

杜国楹: 分不同的产品线和部门。第一阶段是在一起的,几个部门不允许有自己的设计,我们把设计集中在一起,分成平面、工业、空间、陈列四个小组。后来他们"打架",市场部要海报,电商说我要网页促销内容……最后,品牌大的部分在设计中心掌握,落地的部分开始各个中心有一些。小罐茶之后,在筹备新品牌的时候开始筹备第二个设计中心。

对设计的理解是解读我们的一个全新视角,应该说我们的理解力、执行能力,包括过去做过的实践和探索还是比较多的。

李翔: 很多人都会说我对设计很重视,如果让你讲,有什么东西可以证明你们确实对设计很重视,它确实能够成为公司比较核心的竞争力?

杜国楹: 人员占比,我们总部接近20%的人是设计师。设计师在公司的地位算是比较高的,基本上其他部门挑战设计是比较难的。

李翔：怎么做到难被挑战？

杜国楹：我们轻易不做任何妥协。比如说要出张海报，一张会上过不了的海报，宁可不做，宁可推迟，肯定不会让你出的，我们对品质有追求。

李翔：你们自己的设计团队、创意团队，跟在外面请的第三方设计公司的关系是什么？

杜国楹：比如部分项目像发包一样，设计公司做一稿，内部也做一稿，最后两稿PK（对决），有时候是我们胜，有时候是设计公司胜。再比如一个新品牌第一代的包装设计，还是倾向于用国外的设计。做出来的东西水准还是有差异。

李翔：产品设计做出来之后怎么迭代？设计要迭代吗？

杜国楹：还是呈现设计，我们的人开始改细节，设计稿是这样，可能发现印出来不好看，对比度可能太强，要把它调暗。我们的设计团队要再改，改完之后开发人员要跟进，不断打样，一直到把色彩调准为止。

李翔：神原不会再跟进后面的事情了吗？

杜国楹：神原早期的时候细节也跟，但是跟得没那么细，毕竟人在日本，没法每次都跟到供应商那儿看现场打样，这基本上是我们设计团队盯的。

广告验证和产品验证

李翔：上次你给我讲，产品上市之前花了七千万筹备？

杜国楹：产品上市的时候第一笔七千万花完了。刚开始十几号人，到上市的时候已经五十来号人了。几年的工资、差旅费占了大头，然后加设计费、打样费。钱花完的时候有了简易的设计，没有一间厂房，几乎都花在人和设计上。

李翔：所有的精力都是要把第一代的产品搞出来？

杜国楹：对，包括前期广告的研发费。

李翔：广告也要研发吗？

杜国楹：一代一代，花了好几百万，最后整个测试下来也花了五百万到一千万。就做内容，搞不清楚就 pass 掉，检讨完接着迭代下一稿。所以市场部从第一天，小罐茶没定之前，就在想策略。梅江进来，前期盯设计加市场。第一张海报是大师手托小罐，从小罐出来到定稿，搞了有一年。

李翔：广告研发？

杜国楹：相当于内容研发。

李翔：要做测试吗？

杜国楹：要。

李翔：在互联网上？

杜国楹：在互联网、报纸、电视上测，测完不行接着改。

李翔：没有产品怎么测？

杜国楹：盲测。比如我们的罐子还没有做出来，我们把图放进去就试。反正我们不卖货，就看用户反应。判断这个内容能不能打动用户，不行就换。

在我们大规模投放央视之前，两件事被验证了：第一，广告的有效性；第二，地面实体店的零售。内容的效率和线下用户的反应全部是有确定结论的，所以我们饱和投放的时候是有数据支撑的。

李翔：广告的有效性在产品出来之前，就不断地测试？

杜国楹：对，同步的。后来有些滞后。产品到那年春节已经一天能卖到20万元，春节卖得挺好，春节结束之后发现没那么好了，大家心里很焦虑。然后发生了一段跟罗辑思维的故事。罗辑思维卖小罐茶，一天销售额将近两百万，又给了我们一次信心，说明我们的产品人群找对了，内容方向对了，传播渠道OK，肯定是没问题的。然后一直到6月份新的广告片出来，线下店的数据加上这个最好的内容版本，一下爆了。所以，当大家看到我们的广告密集投放的时候，其实我们是可以去睡觉的。

李翔：一切都已经确定了？

杜国楹：确定了。我们不会硬赌，我过去破产都是因为不做测试就上了，产品不验证，广告不验证，有钱就往里投，投完之后基本都是死。

李翔：产品验证开始是通过实体店的方式验证吗？

杜国楹：对，看用户整个成交的过程。我们会去线下看，去实体店现场看整个购买成交的过程，用户在关心什么。

市场部测试广告，用户进来的所有电话录音我们会听。用户在问什么，关心的是什么，是价格还是别的什么东西，品质应该怎么描述，我们都要听。听完之后重新修正内容，怎么让他听得懂，怎么能说服用户。

李翔：你自己听？

杜国楹：都听，早期我坐在那儿整夜听，销售数据出来的时候，调几百条录音听。

李翔：2012年到2016年之间，有机茶被推翻是第一次试错？

杜国楹：对，第一年在有机茶，后来转到大师茶。罐子的设计是不变的。

李翔：第一年就启动了设计吗？

杜国楹：对，第一年。大概整个项目启动不到半年，寻茶团队上山三个月之后，我们的设计就启动了。小罐的方案定了之后，我们就开始做零售的测试，做广告内容的测试。

李翔：小罐定了之后，可以说产品已经出来了吗？

杜国楹：基本上就这个样子了。包装方式还会有变化。

李翔：你在线下选测试店的时候，逻辑是什么？

杜国楹：逻辑是产茶区、非产茶区、一线城市、二线城市、四五线城市。不能在北京很好，到省会城市不行；不能在北方行，到南方产茶区不行；在大城市行，小城市不行也有问题。所以我们挑的几个城市是认真筛选过的。重庆是产茶区、南方；山东是半个产茶区，有日照绿茶；北京彻底不产茶。直辖市、省会城市、四五线地级市，所有的数据都有代表性。前期三四年的准备还是非常紧张的，从包装设计的工作，到零售、推广、内容的打造，几条战线一直在快速推进。

李翔：线下几个打样店是代理商做还是你们自己直接上去做？

杜国楹：代理商。

李翔：比较铁的代理商？

杜国楹：很铁的代理商，绝对保证跟我们自己做是一样的。

李翔：从选址开始，它的具体操作是怎样的？

杜国楹：我们官方主导，挑好城市，选好店，他们执行，如果亏钱了，我们全部承担，他们只需要把所有的数据及时准确地反馈上来。

李翔：线下实体店会呈现你的内容吗？比如说小罐茶大师作？

杜国楹：会呈现内容。我们办公室门口这家店是全国第一家。我们装修这层办公室的时候，就按照设计稿先做了个店放在办公室里模拟。

李翔：让代理商过来看，大概这个样子。

杜国楹：对，像招商用的样板店。

李翔：他们在线下验证的时候，你在当地也是不能打广告的？

杜国楹：不能打，第一阶段就不允许打，就是盲测，看无广告条件下的销售会是什么情况。

李翔：你们通过什么方法来看线下的效果怎么样？怎么去

分辨是因为线下代理商操作的问题还是产品问题?

杜国楹:每日的零售数据、客流量、成交率、客单价、复购率,所有这些数据都要看。我在现场有时候会待一两天,团队有的人下去待的时间更长。观察顾客,不进店的人是什么反应,进店的人是什么反应,购买的人是什么反应。顾客从门口过去,看到这是个茶,挺有意思,进来了,为什么不买,为什么买?把现场这些情况侦测清楚。

李翔:店的设计有迭代吗?

杜国楹:有迭代,现在已经是第四代店了。Tim Kobe 给我们设计的是第二代店。

代理商和渠道

李翔：代理商和渠道的问题从什么时候开始考虑的？

杜国楹：渠道问题第一天就想清楚了。别人问我怎么卖茶，我说专卖店加分销。苹果手机在哪儿卖？苹果专卖店卖，所有的手机店卖。当时我们的想法比较简单，建一批零售店，再加上所有的茶叶店。结果分销这事没走通。

李翔：分销渠道不理解或者不接受你的产品？

杜国楹：这个体系就没有被整合出来。烟酒店卖烟卖酒不需要专业知识，卖茅台会卖，卖中华也会卖，卖中南海也会卖。卖个茶一问三不知。你这龙井什么级别？问点专业问题就回答不上来。所以整个烟酒店渠道也不太一样。

一个小姑娘到我们店里学卖茶比卖服装、卖化妆品复杂得多。她需要了解专业知识。而且很多北方孩子没去过茶园，老茶客一看问细了回答不上来，就觉得她不专业。所以整个培训体系要求也很高。到一个非专业渠道分销的时候，你的专业服务能力也跟不上。

李翔：品牌起来之后是不是就好一点？相信品牌就可以。

杜国楹：好一些，但是没有从根本上解决问题。

李翔：代理商第一次看到你们的产品是什么时候，还是过程中一直有沟通？

杜国楹：过程中一直有交流，都知道我决心要做茶，实时都在关注我。我们经销商有一个"毛病"，一说创业做新项目，上来先抢地盘，我要河南、我要河北，我要这个城市、我要那个城市。

李翔：也不知道能不能赚钱？

杜国楹：我们的经销商是不管赚不赚钱，肯定先抢，反正老杜不会坑我。

李翔：持续沟通的过程中，他们对产品本身会有什么看法、意见吗？

杜国楹：实际上经销商从头到尾给我们产品上的建议比较少，客户需求的反馈会多些。我们整个产品体系还是保持和用户的密切接触，用我们的能力保持对产品的不断迭代。

李翔：会给你什么客户需求的反馈？

杜国楹：都比较零星。我们的产品中心必须把系统问题整合出来，出新的解决方案。经销商有人给我们提做多泡茶吗？

没人提。经销商迫切要求做500块钱客单价的产品吗？也没人提。

我们的代理商在我们这个体系里面实际上是"傻瓜式"操作，一不坑你；二是总部把策略制定清楚，你照着做。做的过程中，哪个城市做得好，我们会把样板市场的经验挖掘出来，全国经销商开会，现场观摩，让做得好的经销商总结这个市场怎么做的，把经验推给全国。

李翔：这个领域不像卖手机，品牌对渠道争夺比较激烈？

杜国楹：我们今天实际上没有面临那么激烈的竞争，因为还没有大规模的资本进入。这也是行业规模没有起来的原因。

李翔：像你们的老经销商，对于你要做茶这个事情，第一反应是什么？

杜国楹：早期有点奇怪，为什么做茶？我说服大家还是比较快的，就讲我是怎么思考的，为什么选择茶，为什么放弃消费电子。基本上我讲完，异议也不太多。

李翔：没有人说可以做个类似电子烟这样的产品？

杜国楹：比如保健水杯起来的时候，一个保健水杯，一年销售额也有小10亿，做得很火。有人说这个事应该你做，你做肯定比其他人做得好。我说怎么可能呢？这种事我不会碰的,这是开历史倒车往回走。

李翔:所以还是有人提了?

杜国楹:有人提,经销商不太会考虑你的使命感啊,情怀啊。

李翔:这些经销商和你们的关系这么多年一直很稳定吗?

杜国楹:比较稳定。我们是保姆式的服务。我们高峰的时候两个月开一次全国经销商会,就地开样板会,不断总结经验,不断复制好的模式。

李翔:小罐茶这个产品出来之后,他们看到是什么反应?

杜国楹:看到之后都是兴奋的。其实没看到东西的时候,把设计图、策略跟他们讲,基本上就心动了,看完实物就更没问题了。小罐茶第一天做出店来,把产品摆进去,他们进来一看还是惊艳的。

定价

李翔：你们定价是什么时候出来的？

杜国楹：最早做有机茶的时候，我们判断要卖到每斤3000元左右。小罐茶做出来之后，是24罐一条，卖1000元，算下来大概5000元一斤。最早其实并没有想定这么高，是因为成本出来之后发现不行。

李翔：行业里没有可以参照或者锚定的？

杜国楹：没有太清晰的锚定。严格来讲，中国消费者对茶价格的认知都会换算到"斤"，买的时候不管怎么装，都会换算到一斤大概多少钱。

李翔：定价经销商会发表意见吗？

杜国楹：在价格上经销商意见给得比较多。他们对产品的细节，比如叶子、包装，不一定提得出特别专业的意见，但是对价格带的意见我们会比较重视。因为他们在市场一线，比如地县级市场、省会城市市场、直辖市市场，消费能力不同，我觉得他们在价格上的判断更有价值。

李翔：他们跟你们最初的想法是一致的吗？

杜国楹：大的分歧倒没有，还好。

李翔：不会有人告诉你卖贵了之类的话？

杜国楹：比小罐茶贵的茶市场上很多，但是只卖一个价格带的茶，这种品牌市场上不多。过去都是大而全，什么茶都卖，什么价格带都有。我们定位就是要清晰，价格带相对锁得窄一些。不能全价格带覆盖，否则你到底是个什么品牌？就没有定位了。而且它不是极小的市场。如果这个市场就两三百亿，那你做大而全可以。

爆品之后

李翔：第一款产品做到什么程度，可以考虑做后续的？

杜国楹：起来之后我就在考虑了。

李翔：起来的标志是20亿元零售额吗？

杜国楹：20亿之前那一年就在考虑，2018年我们的新项目就启动了，思考了一年。

李翔：就是生活茶项目？

杜国楹：对。2018年年初，过完年项目团队就成立了。

李翔：这里面会有节奏上的考虑吗？

杜国楹：会有，就是我要放一个团队进去开始研究了。中间我自己总结，生活茶的策略比小罐茶更难。小罐茶三年半，"小罐茶·大师作"出来了。原创的包装、原创的策略，所有逻辑都一清二楚，我们就去市场试了。但生活茶到今天，三年半都没有出来。

李翔：三年半是从2018年开始算？

杜国楹：对。2017年开始思考，2018年开始做，试半年觉得有问题。

李翔：问题出在什么地方？

杜国楹：比如说生活茶给用户什么价值？用户最大的痛点是什么？本质上是没标准，但用户听不懂。

李翔：做消费品公司，理想状态下，做到什么程度之后可以卖第二款产品？

杜国楹：第一，策略验证清楚，证明你的整体策略是对的。第二，增长相对进入瓶颈期，要在价格带、产品线上继续突破。一上来做太多，用户认知会混乱，但后面没有也不行，每条产品线，每个特定人群、特定场景肯定有它的天花板。要在增速下来之前做好准备，这是最完美的。

李翔：你开始考虑做生活茶的时候，其实小罐茶还是在上升期？

杜国楹：对，正在大爆发的时候。但我担心撞到天花板那天迟早会来。第一，我们对整个行业有巨大的使命感；第二，我们还是想做大做强，要把叶子的协同效应做出来，不能到一个产区只收最好的叶子，其他的不管了。供应链和上游之间关系的紧密度也需要进一步加强。

李翔：做第二款产品比较理想的状况，应该是第一款产品做到接近顶峰的时候，是吗？

杜国楹：当时我对它的社交属性的强度判断得不够清晰。所以这个天花板什么时候出现，增速什么时候慢下来，和我们的判断有比较大的偏差。

李翔：你们的判断是什么？

杜国楹：我们觉得在中国茶市场，即使在 6000 元这个价格带，它的天花板肯定也在 100 亿以上。

李翔：那就是在零售额 100 亿左右的时候做生活茶？

杜国楹：不影响我准备，但是推出的速度，要看整个供应链、整个渠道的基础到了什么程度。我这边把它研发好、策略做好，什么时候上、发多大力，我就可以随机应变，不用着急某一天突然想找另外的产品，从零再开始。

看着很简单，整个策略、产品、设计、供应链、研发全套跟上来，把产品做好是有过程的。生活茶比小罐茶这个"蛋"下得还艰难。小罐茶三年半至少蛋孵出来，见到结果，生活茶到现在还在讨论。虽然叶子做了准备，设计也都在准备，但心里还是忐忑，觉得没把握。

李翔：是用户痛点上感觉不够透，是吗？

杜国楹：感觉强度不够。

制茶大师

李翔：小罐茶大师相当于给了背书，说服他们出来困难吗？

杜国楹：难度没有那么大，因为大师都是对茶有情怀的人，抛开利益，在情怀上也更容易获得共鸣。比如我们普洱茶的大师邹炳良先生是普洱茶终身成就大师，做了60年茶，他对叶子有研究。但怎么推广中国茶，我们可以和大师形成互补。第一年合作的时候，市场不清楚，订单也不大，更多是从茶整个行业的改变、从对这片叶子的情怀上如何找到共鸣来开启合作。

李翔：大师在这里扮演的角色是什么？首先是形象的代言？

杜国楹：大师肯定是主导产品工艺，主导标准的制定。我们第一款产品全是大师家顶级的产品。大师家产品线很多，可能几十条，把最拳头、最好的系列拿出来跟我们独家合作。我们把大师定义为我们的茶叶产品经理。很多人认为仅仅是代言，其实不仅仅是代言。

李翔：也是供应商？

杜国楹：是供应商，也是产品经理，也是监制。整个产品打磨的过程，相当于他用过去历史积累下来的经验、知识开发一条产品线。这条线就给小罐茶独家使用。

李翔：他们扮演的角色是在到工厂之前，是吗？

杜国楹：到我们工厂之前。他们自己做茶的工厂是要全程盯的。按我们的验收标准到我们工厂，到黄山工厂。

李翔：上游茶园也是他们的？

杜国楹：有的是他们的，有的是茶农的。上游有各种各样的合作模式。有的大师家的茶园大，有的小，有的有合作社，有的是收农户的，但是采摘标准、农残标准提前都要定好。

李翔：舆情风波对他们有影响吗？

杜国楹：几乎没有影响。因为出舆情的时候，实际上我们合作已经进入第四个年头了，所以他们对我们公司已经有比较深入的了解。没有大师因为舆情动摇，跟我们说不合作了，没有。

李翔：需要做一些沟通工作吗？

杜国楹：不需要，他们还鼓励我们：茶行业就是这样，你们内心要变强大。

李翔：嗯，因为他们本身就是这个行业里资深和重要的人。

杜国楹：对。

李翔：茶行业的反弹,他们提醒过你们吗?

杜国楹：提醒过,但还是鼓励我们来掀起这场"革命"。

李翔：你做生活茶需要大师来做什么吗?

杜国楹：不需要,大师就在小罐茶品牌,生活茶品牌不用大师。因为两个品牌茶叶品质的标准是有差异的。

营销是关乎价值观的问题

李翔：上次我们聊，你提到乔布斯那句话，"营销是一个关乎价值观的问题"，你是怎么理解的？

杜国楹：乔布斯讲的价值观可能更高级。我觉得价值观可以从两个维度解读：第一，从理性的维度来看，我们做标准化，我们卖的不是信息不对称，不是把信息不对称化程度提高，而是降低信息的不对称化程度，还原给消费者真相。

第二，感性的维度，茶如何跟每个人的生活建立关联，我们讲温暖、有爱等，实际上都是茶如何让每个人的生活更有温度、更有爱。包括今年（2021年）中秋节的感谢主题，包括父亲节的广告内容，也是一种价值观的表达。

我觉得对中国茶来讲，第一阶段更多是在理性的维度表达我们的价值观，我们是有标准的，虽然被业界诟病价格贵，但我们并没有赚暴利，这就是真相。对真懂茶的人来说，我们的定价倍率在茶行业里算是很温和的。做标准化的目的就是解决信息不对称的问题，选小罐茶永远是安全选择。如果懂茶，你只会觉得它不是最高性价比的选择而已，但是本身对不同场景的消费来讲，性价比不是商务茶的第一要素，口粮茶才要性价比。

总之价值观表达第一阶段是要给消费者真相，把茶行业的信息不对称怎么做对称。随着时间的推移，大家会知道我们不是在加大信息不对称，不是在讲一个更离谱的故事。因为我们的数据最后呈现出来就是这样。

李翔：营销是价值观的问题，对营销的内容要求其实是很高的。

杜国楹：我们第一阶段在央视投放广告，内容我们讲"真"。寻茶供应链团队的头儿带队去做这条广告，还原自己是怎么找茶的。茶具的产品经理就上来讲茶具研发背后的思考过程。外界狭隘地理解为我们在讲故事，但事实上都是真实的故事，没有夸张。

我们在央视大规模投放的片子，拍摄的时候是没有脚本的，全部按纪录片方式拍。拍了很多素材，最后剪出来。

李翔：也是第三方公司做的吗？没有脚本怎么拍？

杜国楹：第三方公司。我们会讲大概想要什么东西，这个故事大概什么样，就把这个东西还原出来。拍寻茶的过程时，我们在北京现代城办公，每天等电梯的时间特别长，刚好看到农夫山泉在那里播广告，讲寻找水源地，就觉得这个事和我们有点像，是不是可以用类似的方式表达。是这么出来的。

李翔：你们不会对第三方提要求说，把脚本写给我吗？

杜国楹：我们刚开始想过，但他们说纪录片不是那样拍的。我们被他们说服了。以及，前面不能聊太多，怕大师也好，当时的主演也好，聊太多，逻辑太清楚，就不自然了。就是拍大量的素材，随机拍各种。我们觉得那个形式可以很好地把前面做的事表达出来。

李翔：只谈价值观的话，你是从什么时候，对价值观这个问题开始有了比较深入的体会的？

杜国楹：我开始的时候是觉得，一个企业跟一个人一样，底层的人格、人品肯定是特别重要的因素，但价值观在企业组织当中到底是一个什么样的位置，我在这个事上的彻底领悟，我觉得是两年前。2020年疫情爆发初期，3月份，我把稻盛和夫所有的书看了一遍。最后发现他讲的所有东西，他自己用一个公式概括了，就是他说的人生方程式。人生以及工作的结果，等于思维方式 × 热情 × 能力。思维方式就是价值观。能力是0到100分，热情是0到100分，但价值观是负100分到正100分，所以价值观是决定性的。

大家都觉得，生意人赚钱，肯定是对我有利的事我做，对我没利的事我不做。但价值观就是说，生意人思维和企业家思维是有差异的，生意人是有钱就去做，企业家应该是有价值就去做。这实际是回到了认知的原点，就是你为什么创业。早期是为改变命运下海,为赚钱创业,20世纪90年代肯定是这样的。但当你解决了这些物质的问题之后,你的认知在进化,你的境界在进化,你就开始思考要创造什么样的价值,要为行业做什么样的事情。

我觉得是因为出发点不同,导致整个价值观不同,导致整个企业的行为在什么事情可做、什么事情不可做这个原则性问题上会有巨大的不同。

李翔:按照吉姆·柯林斯①的说法,叫"超越利润之上的追求"。

杜国楹:对,超越利润之上的追求。生意人追求利润,伟大的商业组织一定是有利润之上的追求。

2016年7月份,第一次经销商会议,我正式对外讲我们对茶的理解时,我说很多人问我,卖了两次公司,最后选择做茶,你的人生理想是什么。那已经是五六年前的回答了。我说装修这个办公室②的时候,那句话已经写在这儿了。我们希望小罐茶是中国茶业的里程碑,开启中国茶业工业化、品牌化、现代化的进程。小罐茶可能哪一天不在了,但是因为我们的出现,推动了这个行业的工业化和品牌化进程,能有助于整个行

---

① Jim Collins,出生于1955年,美国著名的管理专家及畅销书作家,著有《基业长青》。
② 指小罐茶北京总部的办公室。

业效率的提高，有助于用户选择一杯简单的好茶，解决信息不对称的问题。

可能在做茶之前，我们对超越利润之上的更高的追求，实际上想法是不够强烈的。但是从做茶的第一天起，我们就有更高的追求。无论是对用户，对整个产业链，还是对我们的员工、我们的供应商，我们希望我们的出现能为他们创造更多的价值。

所以我才会说价值观是第三个阶段[①]。价值观应该是我们之所以成为我们的最重要的原因，我们为什么在茶行业，我们跟别人有何不同。

我觉得价值观跟组织、产品的关系是，因为有这样的价值观，所以能聚拢一群这样的人，形成这样的一个组织，因为是这样的一个组织，才能做出这样的产品和服务。用户看到的最外层是产品，向内本质上是人，再内核肯定是价值观。

---

① 杜国楹把自己的经历用营销、产品和价值观划分为三个阶段，访谈中有谈到具体内容。

标准化

李翔：在自己建工厂之前，你们怎么解决标准化的问题？

杜国楹：名茶采摘标准、工艺标准、验收标准是第一天就固定下来的。我们先双方确认茶样，然后按标准验收。

李翔：就是制定标准然后验收？

杜国楹：对。

李翔：会有工作人员去驻场吗？

杜国楹：会。每个品类在农残检测、采摘制作、验收环节都会有人跟进。否则比如做10吨，你收2吨，那8吨怎么解决？还是要尽量减少误差，但有不符合的，我们坚决不收。

李翔：你们建工厂前和建工厂后，产品的整个流程有变化吗？

杜国楹：没有本质变化，我们建工厂，最重要的是把过去大量依托手工或者非连续化的、有部分环节借助加工设备的生产，完全变成一条自动化加工的生产线。这是个工业化理念，是实现鲜叶不落地、全程自动化加工这样的目标。加工过程尽量减少人为经验的干涉，把大师所有的经验全部数字化。大师说茶炒到这时候就行了，是用经验判断，手抓一下子，觉得水分可以了，闻一下觉得可以了，这时候最好。我们要用设备闻，用探测器检测水分。一样还是大师工艺，接着往下走，要用机器代替大师。

李翔：之前直接从大师那儿采购，是不是就不存在大师工艺数字化的问题？

杜国楹：他们不会这么做。但是他们想实现大规模的生产，每批的稳定性想做好，挑战很大。这就是为什么我们后来采购量越来越大，价格不降反升，是因为没有工业化做依托。

李翔：把大师的经验做到能让你们的工厂捕捉到，其实就是数字化的过程，是吗？

杜国楹：整个设备研发部门实际上是和大师紧密配合的。比如，炒到什么时候停，机器炒的时候怎么识别，主要判断的维度有几个，水分、香气、有效物质的转化，必须用探测器把它检测出来，结合大师的经验来锁定。我们老讲一个梗，老师说我做茶的时候不敢离开工厂，为啥？每锅都得他把握。我说，你感冒了怎么办？他回答，我不敢感冒。

李翔：在你们自己建工厂之前，茶真的是大师炒的吗？建工厂之后才改变？

杜国楹：之前也不是纯大师手工，你可以认为是监制。确实媒体的批评我们也接受，我们是"作品""代表作"的意思，但是大家理解为动词，是大师手工制作。那人家给我们算了，八位大师累死也炒不出来二十亿元的茶。

李翔：你们从什么时候开始考虑后端整个供应链建设的？

杜国楹：产品上市之后就开始了。

李翔：开始行动？

杜国楹：对。我们提速跟第一年卖断货有关系。第一是断货，第二是订单完不成。第二年提前把计划给你了，还是完不成，稳定性老出偏差。2016年年底就加速了整个工业化的推进，必须大干快上，不敢停顿。

李翔：在原本的规划里是要等到什么阶段？

杜国楹：我第一天做茶的时候没想过，这还需要我建厂投工业化？是品牌的崛起，是需求端拉动整个产业链的成长。比如没有苹果，没有诺基亚，哪有富士康？肯德基、麦当劳来中国，一定有大的养鸡场出来。蒙牛、伊利起来，一定有大的养牛场出来。

市场起来，等供应链肯定等不到，那是大师做还是我们自己做？最后是上游和大师成立合资公司，我们主导工业化的过程，我们用数字化设备把他们的技艺模拟出来。

李翔：标准化、数据化之后呢，大师做什么？

杜国楹：我们需要接着做研发，怎么把龙井、大红袍做得更好，在品种、工艺上还有巨大的提升空间。把大师解放出来，不是天天在炒茶的锅前面做这点事。

李翔：就是把大师解放出来让他去做研发？

杜国楹：对，他去做研发，而不是重复去做手工劳动，那是对大师资源的浪费。然后我们要考虑，小规模的创新，如何用设备把它复制出来，规模化量产。

茶园到工厂

李翔：现在整个的供应链链条是什么样的？

杜国楹：茶园是一站，品种选择、种植维护、采摘这些是在茶园里发生的事情。从树上采摘下来，第一站叫初制茶，是在工厂完成。初制是快速让茶叶失水，把鲜叶变成干叶。因为鲜叶必须在两三个小时内处理，放时间长了会出问题。所以过去的初制厂一般都在茶山脚下。过去交通不便，不可能拉鲜叶跑十公里开外。

然后到精制厂，开始后期的处理杂质、品级划分、分类拼配。我们未来要把大量精制的工作转移到黄山超级工厂来做，初制在上游完成。

李翔：黄山工厂相当于精制工厂，初制完之后全都送到黄山工厂？

杜国楹：精制、拼配、存储、封装、物流。

李翔：出来就是产品？

杜国楹：对。你可以认为进黄山工厂之前是干叶子，但干叶子不是最终销售的叶子，没有经过最后的拼配加工处理，可能还有杂质，需要对它进行分拣，可能需要两个茶样拼。这些都要在超级工厂完成。

李翔：整个的链条，现在全都需要进入吗？

杜国楹：农业不进，但我们有些尝试。

李翔：就是指茶园？

杜国楹：对，我们今天会尝试做一些有机化种植的探索。但是加工这一段必须形成强能力。

李翔：就是从初制开始？

杜国楹：对。

李翔：初制是你刚刚讲的和大师合作的公司来做？

杜国楹：对，大师的技艺我们用设备实现。农民种茶的事今天先不大规模介入，因为那边有一个巨大的瓶颈。茶园规模大，每年采茶，春茶就一个月，整个手工采摘。中国的茶园现在实现不了机械化采摘，尤其好茶，都是手采。在采茶那个节点上，对劳动力的需求瞬间急剧爆发。几千亩的茶园，需要上千人。突然间来上千人，管吃、管住，用完一个月立马散了。我们过去说最大的瓶颈是开发采茶机，用机器人采，这是个天大的瓶颈，技术难度很大，所以我们上游先不能大规模介入。茶园都是包产到户，都在茶农手里。你把一千个人的压力释放到一百户人家里，每家解决十个采茶工，就比较容易，亲戚朋友，再雇一些工人。

李翔：负责从茶园采购的是初制工厂，也就是合资的公司？

杜国楹：对，大师加上游的叶子团队。我们整个产品团队、叶子团队，一到采摘季节全部进山。

李翔：建工厂的难点在什么地方，为什么其他人不会来做这个事情？

杜国楹：其他人没遇到瓶颈。他们对标准化没那么高追求，这一批和下一批不一样，全行业都这样，不在乎。任何一家店卖茶，都是几十个品种、几十个品级，没有对单一品级的海量需求。

像立顿对绿茶的需求是过万吨的，中国卖茶，对单一型号的茶一百吨的需求都不多。

消费品行业做食品肯定是标准化、大规模。茶是农产品、土特产，那就是不稳定、差异化。很多时候同样的原料、同样的工艺做出来，但是口感和品质有差异，那就一批货再筛分，以不同的价钱卖。

今天像我们做茶，二十亿零售额是一个型号，其他公司可能做两亿零售额，有二三十个型号，因此它对单一型号产品的需求量不是海量的，它用多SKU（单品）化解了。所以它对工业化生产的需求不高。

我们觉得中国茶的工业化，单一型号，比如一个型号的西湖龙井，做到一千吨，这叫真正的大消费品，否则没有意义。我们做工业化的目的，长期是为了做大消费品，一个生活茶品牌做起来，一个型号，常年是这个规格，品质稳定，工业化生产，做上一千吨。

李翔：标准化的难点是什么？

杜国楹：第一阶段是认知问题，想不想这么做，到底按传统套路做还是按真正的消费品思路做，这是关键问题；第二阶段是技术问题，你用什么样的设备、什么样的工艺，可以真正把问题解决了。

国内外都有先进的东西可以参考。像水洗设备，全世界没有人洗茶，我们怎么洗？听说中草药能洗，比如做甘草的，为了洁净化生产也洗，就去看。但是它洗完之后和茶不一样，茶洗完之后必须立马做一步，因为洗容易但脱水难，茶叶一脱水一烘干相当于提前加工，味道都变了。难点在于低温脱水，对叶片不造成伤害，温度、叶片的完整度，所有东西不能造成伤害，像刚刚从树上摘下来一样，只是过了一遍水，紧接着按正常做茶的流程来。未来这个茶是免洗茶，干净得很，因为叶子下树第一道就洗过了。你就想，你喝西湖龙井，西湖龙井产区里车水马龙。云南凤庆的生态算是很好的了，第一轮洗下来，水都没法看。

李翔：洗茶是整个链条里你们独创的东西？

杜国楹：我们一直在做洁净化，后期投了很多设备、人力，去一点点把杂质拿出来。为什么后期要做分拣动作？因为前期控制得不好。如果从树上采的时候都很标准，每片叶子都洗得很干净，后面就不需要做任何洁净化工作。因为前面不讲究，到最后一道关卡的时候难度就很大。那我们从茶园采茶、进厂开始，把这些工作前置，到最后一道工作就不需要做了。

李翔：你们自己洗茶是从什么时候开始的？

杜国楹：三四年前开始准备研发这套东西，去年这个时候（2020年10月）设备研发出来，今年投入使用。

李翔：整个的工业化、标准化链条里面，还有什么事情是之前很少人做的？

杜国楹：事实上对水分、香气、物质转化的有效探测，过去在茶行业也没有大规模用。比如，茶炒到一定的时候为什么就行了，机器靠哪些指标来识别现在这个动作可以停了，需要进入下一个环节。这条线是我们联合中茶所[①]和一家设备开发公司一起开发的，里面有很多细节。

李翔：大师和标准化、和工厂之间的关系是什么，如果让

---

① 指中国农业科学院茶叶研究所。

你系统阐述一下的话？

杜国楹：我们理解工业化的时候，首先要判断，工业化要解决什么问题？对用户来讲，最重要的肯定是解决标准化的问题、解决产品品质一致性和稳定性的问题。所以我们说"小罐是形，标准化是神"，统一小罐的背后是统一的定价、统一的规格、统一的等级，这些都是标准。

但是我们跟用户沟通，他作为一个普通的消费者，讲工业化，他听着无感，讲标准化，还是无感。所以我们要找一个贯穿全品类的东西，清晰的、具象的、符号化的东西，去帮助用户建立认知。事实上，我们过去找有机茶也好，后来找制茶大师也好，都是想找这样一个沟通符号。

大师是具体的人，他代表了历史、代表了文化、代表了传统、代表了产地、代表了正宗，代表了小罐茶制茶的标准。用户在做选择的时候，不需要再去学习专业的茶学知识，耗费大量的沟通成本，只需要认准大师标准、认准小罐茶就可以了。

有了这样一个具像化的沟通符号之后，底层的问题变成如何把大师的技艺标准化，也就是解决品质标准，这是我们要做的。

第一个阶段，我们说大师既是我们的供应商，也是首席产品经理。他要和我们一块儿定标准，采摘的标准、萎凋的标准、烘干的标准……整个茶叶加工制作，一整套的流程标准。

大师还要全程监制，把控产品的品质。过去我们做茶，离了大师做不了，所有核心工艺都要他来把握。比如这锅茶炒到什么时候停，要靠大师的经验判断，他要抓起来去感受一下、去闻一下。

我觉得这个长期肯定有问题。一个大师一年做三百斤、五百斤，是有可能的。但我们面临的是单一型号最大规模化的问题。我们第二年做起来之后，在5000块钱一斤的客单价里，单一品种、单一型号产品，从来没有人卖这么大规模。当时我们就得做一个选择，要么减产，做个小而美的企业，只服务少数消费者，要么做工业化、标准化，让更多人能喝到品质稳定的大师茶。你怎么选？小而美肯定不是我要干的事。

所以我们才说要把工业化做好，要建工厂，要把大师所有的工艺标准化。但是早期我没想清楚要不要做工厂。而且刚开始只是考虑一个超级工厂，没考虑产区工厂的事。

李翔：超级工厂就是黄山工厂？

杜国楹：对，早期上游主要依托大师，他们做完之后我在黄山工厂统一精制、拼配、封装、物流。后来发现不行，就开始在上游设厂，设厂最重要的是把大师的工艺数字化，就做这件事情。我觉得这是未来中国茶工业化的重要能力。

李翔：听上去产区工厂建成了，大师就可以下岗了，他们愿意被替代吗？

杜国楹： 大师肯定不会被替代，因为大师的价值在脑力，不在体力。过去大师也很苦恼，自己花了一辈子积累的经验，不知道该怎么传下去，因为很多判断是依靠嗅觉、触觉的，很难被描绘清楚，比如他抓一把茶，更多的是感知水分，那水分我们就是可以用探测器解决的。再比如过去炒茶，大师一闻说可以了，出锅。那到底香气和内含物质发生了什么变化，也都是可以检测出来的。这就清晰多了。大师不用守在锅边了。过去我们说中国茶是"意外的发现"，未来我们可以把大师从生产线上解放出来，去做"主动的设计"，比如明年工艺要改善，调参数就行了，过去失水50%的时候停，要不要调到45%？

李翔： 这种标准化和数字化做到极致之后，会不会反而失去了大师的那种人性的、艺术化的一面？

杜国楹： 市场上你仍然可以喝到这样的茶，茶一定还是多元的。但你想稳定、想标准、想可靠，那小罐茶是最安全的选择。

融资

李翔：你们融资的节奏是什么样的,是有规划的吗?

杜国楹：做起来的第二年,我们跟中国做消费品投资的这些基金全部聊了一遍,2017年拿了10亿,后来没有再融过资。

我融这笔钱的核心是做工业化,不做工业化不需要融钱。因为前期我们自己投了3亿,10亿的生意基本上一两亿就可以转动,是不需要融资的。融资全部投工业化设备和工厂,都砸在这儿。

李翔：你给投资人讲你的逻辑、融资的用途,投资人会问你什么问题吗?

杜国楹：工业化他们都是接受的。他们只是觉得原叶茶会比较慢。原叶茶肯定是个大赛道,但是又不能操之过急。

李翔：你当时是见了一圈投消费的投资机构,最后怎么选择?

杜国楹：最后我选择的标准是不给我们提条件,不能说未来5年业绩对赌、退出机制等,尽量不要干扰我们长期的战略。因为毕竟茶早期有很强的农产品特性,整个工业化的投入是需要持续的。我拿着钱,要找对方法,要开发设备,从试产到拿出来,周期是比较长的,不可能像做一瓶饮料一样快。

李翔:你的整个规划里对融资有没有节奏上的考虑?

杜国楹:没有。

李翔:有些创业者会设定好节奏,比如每一年、两年都要融一次。

杜国楹:我们没有。我们前期自己投了3亿,支撑第一阶段业务没问题。拿10亿是因为要做供应链,要把整个工业化体系搭出来,五六个核心品类的设备研发,上游工厂的建设,加中心工厂的建设。我觉得10亿基本能解决第一阶段,能把小罐茶、生活茶推起来。等第二个阶段跑到更大规模的时候再做二轮投入。

李翔:二轮投入是指?

杜国楹:今天一个茶的需求可能是50吨、100吨,生活茶真正起来就是500吨、1000吨,一条生产线要变成三条、五条,这就会涉及第二轮的投资。融这一轮时还没有想到那儿,先把工业化体系搭起来再说。

李翔：所以还没有到？

杜国楹：还没有。第二阶段是生活茶起来，一旦需要上游的产能大扩张，需要再做一次融资。前提是我对生活茶的策略判断是对的。市场起来再做，现在不需要。

李翔：包括你要做的新品牌也不需要？

杜国楹：新的品牌、新的业务，首先要把市场验证清楚，确定市场可行才在上游做投入，到时候预算不够再做大规模的融资。

李翔：你把舆情视为很重要的节点，那时候投资人会提什么建议、帮你做什么吗？

杜国楹：舆情是意外，投资人也给建议，没太多特别的建议，靠我们自己解决。因为我跟他们说好了，我肯定是专注做茶，你投钱我投青春，所以你不能按投互联网、投新消费项目的节奏来要求我们。因为周期比较长，这里面也会有变数，推进过程中的策略也会有调整，希望大家的宽容度足够高。

公司节奏

李翔：我们之前也聊过一些，小罐茶到20亿之后，如果没有舆情的话，趋势上还是会往上走？

杜国楹：那年1月15号开年会那天，我们雄赳赳气昂昂的，跟往年的数据对比，前15天的增长率大概在30%，所以我们觉得很好。结果那个事情之后戛然而止。

李翔：因为增长被打断了？

杜国楹：提前打断了。我们要面临很多品牌认知的重建。

李翔：你指的是？

杜国楹：给我贴标签，"收智商税"等，实际上对用户的消费信息是有挫伤的。在舆情之前是没问题的。不存在。

李翔：品牌没有问题？

杜国楹：对，不存在这个问题。

李翔：只是这个品牌要做生活茶的时候，可能要增加一个维度？

杜国楹：生活茶是全新的品牌、全新的定价。我们觉得生活茶被诟病的可能性更低，一泡茶就卖 3 到 5 元，收什么智商税？

李翔：到目前为止，这个公司的发展节奏在你看来是合适的吗？

杜国楹：中间出了两次意外，2019 年舆情，2020 年疫情，今年恢复得还不错。

李翔：本来它的节奏应该是什么样的？

杜国楹：继续往前跑，维持增长态势到峰值。天花板在哪儿，至少 2018 年没有看到，到底是 20 亿、30 亿、40 亿哪个节点会出现问题，不知道。生活茶也在准备，我们觉得能让第一曲线和第二曲线完美地连上。

李翔：舆情加疫情是打断还是改变？

杜国楹：打断和改变其实都有。也有改变，舆情对品牌的伤害还是很大的。

李翔：但它并没有改变你所有的规划？

杜国楹：规划没有改变，反而加速了，整个上游投入的计划、新品牌推出的计划是加速的。

至于疫情，它不是小罐茶独自面临的问题，而是全行业所有品类共同面临的问题。

疫情期间我最大的感受是，从非典之后我从来没有这么安静过，两三个月节奏突然放缓，读书思考的时间长了很多。

包括战略咨询、新品牌推出计划，都是在去年酝酿出来的。之前就是泡茶机和生活茶在路上，其他的项目都没有提出来，瓶装饮料、茶饮店这些事情都是疫情之后进入时间表的。

李翔：是因为疫情期间有时间想事情，所以加速了吗？

杜国楹：有关系的，有时间做更细致的思考。去年上半年疫情进一步恶化了业绩，所以我们要思考怎么做。

李翔：你们压力最大的是什么时候？

杜国楹：2019年1月和2020年2月。2019年1月是舆情爆发的第一个月。2020年2月是因为疫情。我们一个月3500万元的费用，突然间销售额接近零，变成了净亏损。当时很多公司，包括海底捞、西贝，都出来发声说撑不住了。我说我们还挺牛的，照这个花法，我们还可以存活三年。还好恢复得比预想的快。

李翔：为什么？是自然恢复还是做了什么工作？

杜国楹：最紧张的是2月份和3月份，到4月份春茶就比想象的好。进入下半年，中秋反弹特别厉害，比2019年还好。

李翔：你们的销售也有波峰波谷吧？

杜国楹：春茶、端午、中秋、春节是旺季。

质感、美感和情感

李翔: 上次你说,品牌从质感、美感、情感三层去看,小罐茶按照这三个维度考虑,有哪些部分需要迭代和改进?

杜国楹: 小罐茶这三感最缺的是情感。

李翔: 情感是受负面舆情影响吗?

杜国楹: 对,负面对我们伤害肯定很大。修复的难度也大。质感的层面,叶子的特色和综合品质要再提升。我们一个同事,是叶子方面国内顶级的专家,他来了之后,跑了三个工厂,回来拿出一套方案,我听了觉得很靠谱。

美感有改善空间,比如传统文化的元素如何融合进来,年轻的产品如何做得更贴近用户的需求。

提升空间最大的肯定是情感。情感是最高维,我们面临着品牌认知的修复,面临着整个情感的重建,这个难度肯定是最大的。

李翔: 你刚才讲的产品在质感上的改进,用户能感知到吗?

杜国楹：改进力度足够的时候，专业用户能感受到，普通用户可能也能感受到一些。对茶的理解、认知和感受力不同的人，对品质进一步提升的感知会有差异。但不管用户能不能感知到，叶子的进化肯定不能停。就像 iPhone 一样，摄像头、内存、分辨率，大部分用户觉得够了就不进化了吗？不是的。

李翔：电子产品的迭代，用户还是比较容易感知到的，茶我觉得有难度。

杜国楹：我们尽量把香气、味道更显性化，我们内部的研发方案是高辨识度的，让非专业人士能识别到。

李翔：我的意思是，会不会因为这样的产品非常成熟，历史非常长，即使有迭代，可能也是非常微小的？

杜国楹：叶子本身革命性改变的概率是低的。比如西湖龙井沉淀成今天这样，是若干代茶人不断迭代努力的成果，不是想革一次命就可以革的。

管理和顺应人性

李翔：你觉得过去在管理上有哪些比较得意的地方？有哪些过人之处？

杜国楹：没什么过人之处。

李翔：那为什么那么多经销商一直跟着你？

杜国楹：顺势而为，跟选择创业一样，还是要顺应人性，不能逆人性。逆人性修炼自己可以，改变一个组织肯定挑战比较大。

我组建团队的时候，想做什么事，首先是找头儿。当年我要做茶的时候，谁做产品，谁做营销，谁做管理，哪些是内部人选，哪些需要重新请人，哪些阶段性有可能行，我首先会把这个事情想得比较清楚。搭框架的时候会把几根大梁找好，保证第一阶段是稳定的，基本能有序、高效推进。

李翔：这个阶段顺应人性怎么做？

杜国楹：每个人有每个人的个性优势，你不能说用这个人是要改造他，把他的短板给改长来发挥他的优势。肯定是要审视每个人天生的优势，怎么把互补型团队组建起来，把每个人的核心能力最大化，规避大家的短板。顺应人性是顺应每个人的优势，组成有效的整体，高效地推进工作，我觉得这是基本原则。

李翔：无论经销商团队还是核心团队，都很稳定地一直跟着你，你自己觉得原因是什么？能赚钱肯定是一个原因。

杜国楹：还是要相对厚道，绝对厚道做不到。对经销商不要坑他，让他有安全感，让他赚钱。生意好的时候多赚点，生意不好的时候少赚点，有困难的时候一起度过。对兄弟也是一样，分享意愿要强一些，无论是对财富还是对知识，要一起成长、赚钱。不能我天天住大别墅，梅江天天住小房子，还要天天和我一块儿加班。基本上要把物质和精神的需求在不同阶段同步解决好。

李翔：你是一个连续创业的人，经验对你在管理上会有什么好的或坏的影响吗？

杜国楹：跟我们做营销一样。营销是需要掌握基本原理，然后反复练，手感越来越好，成功率越来越高，但仍然不能保证100%的成功。

曾鸣[1]讲战略的时候,我觉得他讲的三个关键词特别牛。他说战略是什么?战略是科学,战略是艺术,战略是手艺。管理也一样。是科学吗?肯定是,基本的科学理论还是在的。是不是艺术呢?每个企业创始人的特质、行业的特征、公司不同的阶段都决定了,要在科学原理基础上找到最适合自己的东西,就是艺术创造。然后是手艺,我觉得管理本质上更是实践学科,实践越深入,踩的坑越多,离真相越近。

李翔:你在组织和管理上踩过什么坑吗?

杜国楹:没有大坑,0到1阶段还是比较顺的。事实上现在1到10阶段,我在深入地参与、体验。

李翔:坑在路上?(笑)

杜国楹:对。我们0到1阶段,组织的稳定性各个方面基本没出过什么大问题,第一阶段协同的效率都很高。定战略,搭班子,带队伍。在管理上我还有很长的路要走,未来1到10到100的过程中,管理的实践会不断深入,会得到自己一些独特的见解。

李翔:有一个说法是,规模本身就会带来很大的复杂性。比如管600人和管60000人就有很大区别。

---

[1] 知名战略学者,曾任阿里巴巴集团首席战略官、参谋长等职务,多年来致力于中国企业的发展研究。

杜国楹： 品牌越来越多、人员越来越多、竞争越来越复杂的时候，一定是不断提升的过程。这个东西来不了虚的，唯有深入地实践，掌握科学的原理，不断做动态的调整和适应，根据你的企业和行业的特质去建立一套最适合你的东西。没有放之四海而皆准的东西。

附 录

如何看待茶行业

中国茶是科学的土壤和人文的果实

茶的背后一定是一个科学的土壤、人文的果实。这事怎么理解？我们一直讲科学思维做茶，茶物质的一面、功能的一面都是有科学可循的，包括成本，包括标准，我们认为都可以用科学的思维去总结，去实践。过去9年（2012—2020），我们99%的精力就集中在这里，是科学的视角，是科学的实践。中国茶不能不做标准，说原叶做不出标准来，我们是不相信的，即使老白干也是可以做标准的，更何况大量的普遍的茶，**做出清晰的标准一定是可以的。**

所以我们说科学是茶的土壤，我们做茶这件事首先得讲科学，把科学讲好，把科学用好、实践好。但只做好这些就够了吗？很显然是不够的。茶对中国人来讲极具特殊性。它不是一杯水，它不是一听可乐，它不是一部手机，它是茶。大概一年前，在中国非遗大会①上，我有感而发讲了一句话：**咖啡可能是西方世界的写照，茶就是中国人的写照**；茶很像中国人，它中庸的一面，是中国传统文化的一部分。

我记得第一次去武夷山的时候，下了飞机看到第一块广告牌写着"千年儒释道，万古山水茶"，当时特别震撼。"儒释道"，中国传统文化经常用的这三个字就跟茶有关，太博大精深了，所以我说茶是中国人的写照，茶也是中国人的骄傲。中国人说我们的茶最好，老百姓、行业伙伴都这么认为，我们喝我们自己的茶，我们为我们是茶叶的原产国而自豪。所以我觉得，**茶对中国人来讲特别特殊，它不是一般意义上的消费品，仅仅用科学视角是解决不了茶的问题的。**

9年前（2012年）我认为只用科学是可以的，后来才发现是错的。茶是要有科学的土壤，但它也要有温度。中国人对它是有特殊的情感的，这一面我们过去在品牌上的理解还不够，这是我们要检讨的。

所以说下一个9年，如何重新理解茶文化，重新翻译茶文化，把茶的人文的一面重新解读好，对我们来讲是个课题、是个挑战，也是个巨大的机会。接下来我们的小罐茶，包括新品

---

① 指2020年首届中国非物质文化遗产论坛大会。

牌，都是这样的——如何做好茶文化的传承，如何定位好不同的品牌；科学的一面如何讲，文化的一面如何讲。这个时代跟上一个40年不一样，用户对情感和文化端的需求越来越强。所以我们说，**最终优秀的茶品牌必须做好科学，做好文化，两个维度缺一不可**，如果只有一条腿，会出问题的。

最好的茶企要有爱

30年后茶行业最牛的公司，是最会做产品、最会做营销的公司吗？是最有钱、最有资源、最能创新的公司吗？这些都是基础，都重要，但是不能决定你未来30年成为最好的一家公司。今年可以，明年可以，但是10年后不一定。

所以我们坚信，**最用心地服务客户、最用心地提升行业效率、最有利他之心**的公司才是30年后茶行业最牛的公司。为什么？营销不行，管理不行，可以继续学习，但人品不行，没办法。

在商业世界里，爱是最伟大的、有最强驱动力的力量。如果只有营销好、产品好，还不够。当然我们也希望我们做产品、做营销的能力都很好，但同时更要有大爱，这是我们追求的最高境界。

做茶要寻找参照物，有终局思维

8年前（2012年），我说要去做茶的时候，所有人都问我，茶要怎么做？我说，我喝了将近20年的茶，我的直觉是茶没有品牌。但茶的本质是饮品和消费品，它应该可以建立品牌。怎么建立品牌？其实当时我也不知道，于是我带着困惑、从0开始去解决这个问题。

用品牌思维，上游做标品、做工业化，下游提升流通效率，我认为有机会改变这个行业的传统模式和信息极其不对称的状态。之前，我曾经认为全产业链是一个非常不明智的做法，但后来我发现，做茶之后，我们不得不去做全产业链。因为，**任何一个企业不能只看今天，要看产业的长期逻辑。**

那么，我怎么看中国茶的未来？怎么看待茶这个生意？**有两个核心的视角：第一个是寻找参照物，第二个是终局思维。**

第一个，茶的参照物非常多。比如烟酒茶行业里的酒，参照物非常清晰，全世界没有第二个茅台。再比如柴米油盐酱醋里头，今天做得最好的是海天，凭借一瓶酱油，市值突破了5000亿元。还有一个重要的参照物是西方的茶，中国人比较熟悉的有立顿这些品牌。再有就是咖啡，在咖啡行业里，雀巢、星巴克，这些都是我们重要的参照物。

试图对未来做一些判断的时候，我会找一些参照的行业、参照的品牌，这些品类极具参考价值。通过对照品类差异、时

代差异，去寻找品牌的路径。

第二个，我们如何站在未来看现在，如何建立终局思维？我们要去思考，20年之后，中国的商业、中国的茶业，可能会演变成什么样子？中国人的生活方式会发生什么变化？茶在我们生活中的角色会发生什么变化？然后再回过头来看我们今天的所有做法是否正确。

关于茶行业的终局判断，第一个，我认为中国茶最重要的行业参照路径不是中国的白酒，也不是法国的红酒，从长期来看，**中国茶最重要的参照行业应该是咖啡**，包括雀巢和星巴克，它们的成长路径可能对中国茶更有参照价值。

小罐茶现在正在试图走一条我们判断是主流的路径，它不一定是中国茶唯一的答案和路径，但这个路径背后的逻辑、背后的认知，我们在工业端的所有动作，对中国茶来说一定是有价值的。今天，**中国茶业应该联合起来提高整个行业的创新能力**，和咖啡行业抢夺增量市场。最终，这个茶行业会是百花齐放的，通过不同的品牌去满足不同的人群。

第二个终局判断是，**消费品思维是中国茶做大做强的唯一路径**。无论是小工厂还是山头茶，都要按消费品的路径去做茶。如果不考虑标准的问题、安全的问题，是很难做出真正的品牌的。所以说，科学的研发、工业化的生产、品牌化的运营，就是消费品思维的核心。

第三个判断是，**全品类品牌，是行业巨头的唯一选择**。如果在垂直品类里经营好细分市场,一定会出现垂直平台的头部品牌。但对行业巨头来说,可能性最大的一定是覆盖全品类的企业。

第四个判断是,**只有高强度的竞争才能加快行业的进化**。竞争能让一个企业加速成长,每一个品类、每一个行业的快速发展,都跟激烈的竞争息息相关。没有肯德基,我想就没有今天的麦当劳,至少没有这么大,做这么大是"抢"出来的,不是独享出来的。对中国茶来说也是一样。

第五个判断,**茶行业未来20年的三大赛道是:原叶茶、方便茶和茶饮店**。我们一直说,人生就是这三杯茶。最年轻的时候喝奶茶,后来到方便的茶,到最后喝到原叶茶,基本上是这样的逻辑和顺序。越年轻,越要方便;年纪越大,越能接受和享受复杂。

这三个赛道的差异非常大,从人群到消费场景和频度,都是不同的逻辑和实现方式。未来20年中,茶的创新空间是巨大的。但为什么创业公司、大互联网公司不进入茶行业?一个最重要的原因是,茶行业的基础设施还没有解决,整个工业化能力没有形成,供应链不支持它,做起来比较麻烦。

现在,小罐茶在做的所有事情,其实就是想进入茶行业的所有公司都躲不过的一条路。我们把整个工业化的流程拉出来重新做一遍,把基础设施完成,再在这个基础之上,做各种各样的创新,覆盖不同的赛道。

那么,茶到底是个慢生意还是个快生意? 我们可以确定的是，茶是一个长期生意。今天，很多其他行业的人是睡不着觉的，10年后可能大量的公司都不存在了。但茶，尤其品牌茶，是一个可以干到退休的事业。

如何看待自己

从产品主义到价值观主义

经常有人问我，下次创业你准备干什么？

我说，茶。茶完了之后呢？我说，还是茶。

茶，茶，茶，重要的事情说三遍！

所有人都觉得我不可能坚持做这件事情。为什么？在别人眼里，我是在一次次地创业，但实际上在我心里，是一次次梦想的破灭。这是特别真实的写照。

我承认，我是一个有野心、有梦想的人。在我第一次创业之后，商业梦想就已经被点燃。但想一想真的觉得我好笨，创业五次，用了接近二十年的时间，在三十九岁的时候，才找到了真爱。

二十岁之前，我们都在活给我们的爸妈看，活出爸妈眼里的自己。四十岁之前,想证明自己很牛,事实上是活给别人看。中国人讲三十而立,四十不惑,五十知天命;也许我稍微提前了几年,四十岁之后,我想要活给自己看,做自己真正想做的事情,遵照自己的内心去做。

茶是我坚定而深思熟虑的一次选择。我过去几次创业,每一次大概都是五年的时间;但小罐茶,从2012年6月20号开始,到今天,我没有过一次动摇。包括舆情风波刚刚开始的时候,很多人给我泼一头冷水,但我当时说,天塌下来,我第一个顶着,死不了。所以我非常坚定,无论是在胜利的时候,还是在遭遇巨大挑战的时候,我从来没有犹豫过,从来没有想过放弃。

对于茶这件事情,我有太强的使命感想把它做好,这中间有太多的事情需要去做,我根本没有时间去做其他事。

我甚至发现,其实之前我所有的创业经历,都是在为这次创业做准备。过去我的每一次创业,都是1.0版本,这次才是2.0版本。

今年(2020年)3月份的时候,疫情期间,我把稻盛和夫的书重新读了一遍。他讲人生方程式,成功 = 思维方式 × 热情 × 能力。热情可以是 0~100 分,能力也可以是 0~100 分,但可怕的是,思维方式,也就是一个人的价值观的数值,可以是负 100 分~正 100 分。如果价值观出了问题,热情越大,能力越强,造成的杀伤力和破坏力反而可能会越大。对一个人来讲是这样，对一个商业组织来讲也是这样。

如何去理解价值观？稻盛和夫讲的**得失观和善恶观**，对我触动也很大。你的出发点是什么？是帮助用户吗？是解决用户的难题，还是每一次都必须赚，每一次都要收益最大化？遇到问题的时候，如果只考虑对自己的公司有没有利，而不看对行业、对用户的利，这就是只用得失观来判断，而不是用善恶观。**如果一直用得失观来做决定，你永远无法成就真正伟大的公司。**

本质上，我们做企业，不是赚钱，而是赢取人心。 五年前，我在公司内部分享时说，要让中国茶从农产品时代迈向消费品时代；如果今天问我我的梦想，我会说，希望百年以后往回看，小罐茶能成为中国茶业的一个里程碑——我们成功了，是开启中国茶的现代化征程；我们失败了，是为整个行业试错。

赚钱需要能力，但爱需要情怀，更需要善良。早期我创业时，在消费电子行业，瞬息万变，我们只能盯紧眼前的事情。我没有爱，或者那种爱不强烈。但对茶，我确实是发自内心地爱，提到茶，说到茶，可以两眼冒光。

我要特别感谢茶行业，它让我有了爱。中国茶是一个特别神奇的行业，它像一个巨大的磁场，很多人进来的时候雄赳赳的，没多久就被同化了，放弃品牌，开炒山头[①]。那是我想要的

---

① 炒山头，指宣称自己的茶出自某某名山。

吗？恐怕不是。

但茶还是改变了我。这个行业非常温和，不断在软化我们，激发我们，让我们变得更善良，更有使命感。

我认为，企业家是一个极其特殊的物种，因为他永远保持饥饿感和强大的使命感。现在的饥饿感是成就感的饥饿，它是你前进的巨大动力，这种动力一点都不比原始的动力差。

生意人可以没有使命感，但真正的企业家一定要有使命感。使命感，就是要去解决某个社会问题，一定要有超越赚钱之上、更高级的梦想，怀着某种崇高的伟大使命，赚钱只是使命的副产品，最后才能有机会成就一个伟大的商业组织，有机会成为一个伟大的创业者。

小罐茶从0增长到20个亿，只用了3年时间，其实我们所有的问题迟早都会暴露出来，只不过去年（2019年）的一轮风波，让我们提前踩了刹车，所以我真的很感谢那场舆论风波，可以让我们静下心来反思，否则在两三年后，所有的问题可能还会用另外一种方式暴露出来。我也很感谢过去这半年多时间，让我们慢下来，有机会深入反省、学习和思考。

2000年时我创业失败，欠了4000多万外债。2003年"非典"期间，我启动了第二次创业，这是我的第一次涅槃重生，从一个彻头彻尾的营销主义者变成了一名产品主义者。

20年过去了，作为公司最大的产品经理，我曾经很享受这种创造的过程。但现在我发现，创始人只做产品经理，是无法带领公司做大做强的。价值观时代是我的第二次涅槃重生，我会拿出更多精力去关注价值创造，因为**人才、组织，包括伟大的产品，都是价值观的产物**。

对于一个商业组织来讲，价值观是底层中的底层，我们一定要认真地去审视它：我们是否真的充满爱，是否真的愿意为用户、为行业、为这个世界、为这个时代，发自内心地多去做一些东西。

坚守长期主义，用长期的确定性对抗外界的不确定性。接下来20年，我会去践行价值观主义，也会和小罐茶一起走过从1到10、从10到100的路。

（以上内容摘自杜国楹先生在2020年和2021年小罐茶年会上的分享，略有改动。）

图书在版编目（CIP）数据

杜国楹 / 李翔著． -- 北京：新星出版社，2022.3
（详谈）
ISBN 978-7-5133-4786-0
Ⅰ．①杜⋯ Ⅱ．①李⋯ Ⅲ．①杜国楹-访问记 Ⅳ．
① K825.38

中国版本图书馆 CIP 数据核字（2022）第 009626 号

详谈

杜国楹

李翔　著

责任编辑：	白华昭
策划编辑：	张慧哲　翁慕涵
营销编辑：	吴雨靖　wuyujing@luojilab.com
封面设计：	李　岩　柏拉图
插　　画：	贺大磊
版式设计：	仙境设计
责任印制：	李珊珊

出版发行：	新星出版社
出 版 人：	马汝军
社　　址：	北京市西城区车公庄大街丙 3 号楼　100044
网　　址：	www.newstarpress.com
电　　话：	010-88310888
传　　真：	010-65270449
法律顾问：	北京市岳成律师事务所

读者服务：400-0526000　service@luojilab.com
邮购地址：北京市朝阳区华贸商务楼 20 号楼　100025

印　　刷：	北京盛通印刷股份有限公司
开　　本：	787mm×1092mm　1/32
印　　张：	7.375
字　　数：	141 千字
版　　次：	2022 年 3 月第一版　2022 年 3 月第一次印刷
书　　号：	ISBN 978-7-5133-4786-0
定　　价：	45.00 元

版权专有，侵权必究；如有质量问题，请与印刷厂联系更换。